Croatian Vocabulary: A Croatian Language Guide

Andelo Radic

Contents

The Croatian Alphabet	1
1) Measurements	3
Time	7
Months of the year	12
Days of the week	13
Seasons	14
Numbers	14
Ordinal numbers	16
Geometric Shapes	18
Colors	21
Related verbs	23
2) Weather	29
Related Verbs	42
3) People	47
Characteristics	52
Stages of Life	57
Religion	59
Work	60
Related Verbs	65
4) Parts of the Body	71
Related Verbs	77
5) Animals	81
Birds	89
Water/Ocean/Beach	91
Insects	93
Related Verbs	94
6) Plants and Trees	99
Related Verbs	107

7) Meeting Each Other	111
Greetings/Introductions	111
Greeting Answers	113
Saying Goodbye	114
Courtesy	115
Special Greetings	116
Related Verbs	117
8) House	121
Related Verbs	136
9) Arts & Entertainment	141
Related Verbs	152
10) Games and Sports	157
Related Verbs	170
11) Food	175
Restaurants and Cafes	182
Related Verbs	189
12) Shopping	195
Related Verbs	201
13) At the Bank	207
Related Verbs	212
14) Holidays	217
American Holidays in calendar order	219
Related Verbs	222
15) Traveling	227
Modes of Transportation	233
Hotels	235
Related Verbs	243
16) School	249
Related Verbs	259
17) Hospital	265
Related Verbs	274
18) Emergeny	279
Related Verbs	285

The Croatian Alphabet

Letter	Pronunciation	Pronunciation Example
A a	[a]	like a in car
B b	[b]	like b in bar
C c	[c]	like ts in cats
Č č	[ts]	like ch in chalk
Ć ć	[tʃ]	like ch in church
D d	[tɕ]	like d in dog
Dž dž	[dʒ]	like j in jungle
Đ đ	[dʑ]	like J in Jack
E e	[e]	like e in bed
F f	[f]	like f in fat
G g	[g]	like g in go
H h	[h/x]	like h in hero
I i	[i]	like e in he
J j	[j]	like y in you
K k	[k]	like c in cup
L l	[l]	like l in love
Lj lj	[ʎ]	like lli in brilliant
M m	[m]	like m mouse
N n	[n]	like n in no
Nj nj	[ɲ]	like ni in onion
O o	[o]	like o in hot
P p	[p]	like p in pot
R r	[r]	like r in rum
S s	[s]	like s in some
Š š	[ʃ]	like sh in show
T t	[t]	like t in time
U u	[u]	like u in put
V v	[v]	like v in verb
Z z	[z]	like z in zoo
Ž ž	[ʒ]	like s in pleasure

CROATIAN VOCABULARY: A CROATIAN LANGUAGE GUIDE

1) Measurements
1) Mjere

acre
jutro

area
područje

case
kutija/sanduk

centimeter
centimetar

cup
šalica

dash
mala količina

degree
stupanj

depth
dubina

digit

znamenka

dozen

tucet (eggs/jaja)

foot

stopa

gallon

galon

gram

gram

height

visina

huge

ogromno

inch

palac

kilometer

kilometar

length

dužina

liter

litra

little

malo

measure

mjera

meter

metar

mile

milja

minute

minuta

miniature

minijaturno

ounce

unca

perimeter

perimetar

pint

pinta

pound

0.45 kilograma

quart

četvrtina

ruler

ravnalo

scale

skala

small

malo

tablespoon

žlica

ton

tona

unit

jedinica

volume

volumen

weigh

vagati

weight

težina

width

širina

yard

jard

Time
Vrijeme

What time is it?

Koliko je sati?

It's 1:00 AM/PM

1:00 sat/13:00 sati

It's 2:00 AM/PM

2:00 sata/14:00 sati

It's 3:00 AM/PM

3:00 sata/15:00 sati

It's 4:00 AM/PM

4:00 sata/16:00 sati

It's 5:00 AM/PM

5:00 sati/17:00 sati

It's 6:00 AM/PM

6:00 sati/18:00 sati

It's 7:00 AM/PM

7:00 sati/19:00 sati

It's 8:00 AM/PM

8:00 sati/20:00 sati

It's 9:00 AM/PM

9:00 sati/21:00 sat

It's 10:00 AM/PM

10:00 sati/22:00 sata

It's 11:00 AM/PM

11:00 sati/23:00 sata

It's 12:00 AM/PM

12 sati/24:00 sata

in the morning

ujutro

in the afternoon

popodne

in the evening

predvečer

at night

navečer

afternoon

popodne

annual

godišnji

calendar

kalendar

daytime

dnevno vrijeme

decade

desetljeće

evening

predvečerje

hour

sat

midnight

ponoć

minute

minuta

morning

jutro

month

mjesec

night

noć

nighttime

noćno vrijeme

noon

podne

now

sada

o'clock

sat/sati/sata

past

prošlost

present

sadašnjost

second

drugi

sunrise

izlazak sunca

sunset

zalazak sunca

today

danas

tonight

večeras

tomorrow

sutra

watch

gledati

week

tjedan

year

godina

yesterday

jučer

Months of the year
Dani u godini

January
siječanj

February
veljača

March
ožujak

April
travanj

May
svibanj

June
lipanj

July
srpanj

August
kolovoz

September
rujan

October

listopad

November

studeni

December

prosinac

Days of the week
Dani u tjednu

Monday

ponedjeljak

Tuesday

utorak

Wednesday

srijeda

Thursday

četvrtak

Friday

petak

Saturday

subota

Sunday

nedjelja

Seasons
Godišnja doba

winter

zima

spring

proljeće

summer

ljeto

fall/autumn

jesen

Numbers
Brojevi

One (1)

jedan

Two (2)

dva

Three (3)

tri

Four (4)
četiri

Five (5)
pet

Six (6)
šest

Seven (7)
sedam

Eight (8)
osam

Nine (9)
devet

Ten (10)
deset

Eleven (11)
jedanaest

Twelve (12)
dvanaest

Twenty (20)
dvadeset

Fifty (50)

pedeset

Hundred (100)

sto

Thousand (1000)

tisuću

Ten Thousand (10,000)

deset tisuća

One Hundred Thousand (100,000)

sto tisuća

Million (1,000,000)

milijun

Billion (1,000,000,000)

milijarda

Ordinal numbers
Redni brojevi

first

prvi

second

drugi

third

treći

fourth

četvrti

fifth

peti

sixth

šesti

seventh

sedmi

eighth

osmi

ninth

deveti

tenth

deseti

eleventh

jedanaesti

twelfth

dvanaesti

thirteenth

trinaesti

twentieth

dvadeseti

twenty-first

dvadeset prvi

hundredth

stoti

thousandth

tisućiti

millionth

milijunti

billionth

milijarditi

Geometric Shapes
Geometrijski oblici

angle

kut

circle

krug

cone
čunj

cube
kocka

cylinder
cilindar

heart
srce

heptagon
sedmerokut

hexagon
šesterokut

line
linija

octagon
osmerokut

oval
oval

parallel lines
paralelne linije

pentagon

peterokut

perpendicular lines

okomite linije

polygon

poligon/mnogokut

pyramid

piramida

rectangle

pravokut

rhombus

romb

square

kvadrat

star

zvijezda

trapezoid

trapezoid

triangle

trokut

vortex
vorteks

Colors
Boje

beige
bež

black
crna

blue
plava

brown
smeđa

fuchsia
fuksija

gray
siva

green
zelena

indigo
indigo

maroon

boja kestena

navy blue

tamnoplava

orange

narančasta

pink

roza

purple

ljubičasta

red

crvena

silver

srebrna

tan

žutosmeđa

teal

modrozelena

turquoise

tirkizna

violet
ljubičasta

white
bijela

yellow
žuta

Related verbs
Srodni glagoli

to add
dodati

to change
promijeniti

to color
bojati

to count
brojati

to divide
podijeliti

to figure
shvatiti

to fill

ispuniti

to guess

pogoditi

to measure

izmjeriti

to multiply

pomnožiti

to substract

oduzeti

to take

uzeti

to tell time

reći vrijeme

to verify

provjeriti

to watch

gledati

Michael is a **ten** year old boy who lives in Georgia. His family owns a **twenty acre** farm; he has **two** brothers and **three** sisters. Michael loves to work on his family's farm. He and his brothers wake up at **6:00 in the morning** every day. His favorite thing to do is ride his **brown** and **white** horse around the **perimeter** of the farm to check the fencing for damage. Even if there is only a **centimeter** of damaged wood, Michael must repair it. He also has to **measure** the **height** and **width** of the fence. He takes this job very seriously, so he doesn't want to miss a thing. Michael especially loves working on the farm in **autumn** because they sell more than **one thousand orange** pumpkins during the **month** of **October!** People from all over the state travel for **miles** to buy their pumpkins. Some of their pumpkins **weigh** as much as **one hundred pounds!** In the **winter**, his family sells Christmas trees. He loves helping other families find the perfect tree, whether it is **four feet**, **seven feet**, or even **nine feet tall!** In **December**, his family sells a **dozen green** trees a **day**, this keeps Michael very busy. In the **spring**, his family prepares the crops for the **summer** and **autumn** harvest. Because **spring** is such a busy **time** in school, each of the siblings take turns with special projects on the farm during the **week**; Michael's is the **first** day of the week, **Monday;** Henry's is the **second** day, **Tuesday**; Alan's is the **third** day, **Wednesday**; Sally's is the **fourth** day, **Thursday**; and Ann's is the **fifth** day, **Friday**. Little Ella is still too young for chores, but she loves to **measure** the **height** of the blooming **red** and **yellow** flowers with her **small ruler**. She is a **miniature** version of their mom. She cannot wait to grow up and help around the farm. During **summer**, Michael spends most of his **time** helping his mom cook. It is so hot outside, especially in **July** and **August**; he decided he needed a fun indoor activity. While cooking, he is learning how to convert different types of **measures**, like how many **teaspoons** are in a **tablespoon** and how many **cups** are in a **gallon**; he is also learning to add a **dash** here and **sprinkle** a **little** there to make the recipe just right. Mom knows cooking is a good skill to learn, but she also knows he will be learning these **measurements** in school this **September**.

Michael je **desetogodišnji** dječak koji živi u Georgiji. Njegova obitelj posjeduje farmu od **dvadeset jutara**; on ima **dva** brata i **tri** sestre. Michael voli raditi na obiteljskoj farmi. On i njegova braća ustaju se u **6 sati ujutro** svaki dan. On najviše voli jahati svog **smeđe-bijelog** konja oko **perimetra** kako bi provjerio jeli ograda oštećena. Čak i ako je oštećen samo **centimetar** drva, Michael ga mora popraviti. Također mora **izmjeriti visinu** i **širinu** ograde. Svoj posao shvaća vrlo ozbiljno, stoga ne želi ništa propustiti. Michael posebno voli raditi na farmi na **jesen** jer prodaju preko **tisuću narančastih** bundevi tijekom **mjeseca listopada**! Ljudi iz cijele države putuju **miljama** kako bi kupili svoje bundeve. Neke od njihovih bundeva **teže** skoro **45 kilograma**! **Zimi** njegova obitelj prodaje božićna drvca. On obožava pomagati drugim obiteljima da nađu savršeno drvce, bilo ono četiri, sedam ili **devet stopa visoko**! U **prosincu**, njegova obitelj proda **desetak zelenih** stabala na **dan**, zbog čega je Michael jako zauzet. U **proljeće** njegova obitelj priprema usjeve za **ljetnu** i **jesensku** žetvu. Kako je proljeće jako užurbano **vrijeme** u školi, svaki od braće i sestara se izmjenjuje sa posebnim projektima na farmi tijekom **tjedna**; Michaelov je **prvi** dan u tjednu, **ponedjeljak**; Henryjev je **drugi** dan, **utorak**; Alanov je **treći** dan, **srijeda**; Sallyn je **četvrti** dan, **četvrtak**; i Annin je **peti** dan, **petak**. Mala Ella je još premala da bi obavljala zadatke, ali ona voli **mjeriti visinu crvenih** i **žutih** cvjetova u cvatu sa svojim **malim ravnalom**. Ona je **minijaturna** verzija njihove mame. Jedva čeka da odraste i pomaže na farmi. Tijekom **ljeta**, Michael provodi većinu **vremena** pomažući mami u kuhanju. Toliko je vruće vani, posebno u **srpnju** i **kolovozu**, da je odlučio da treba zabavnu aktivnost u zatvorenom. Dok kuha, on uči kako pretvoriti različite vrste **mjera**, kao na primjer koliko **čajnih žličica** se nalazi u **žlici** i koliko **šalica** se nalazi u **galonu**; isto tako se uči kako dodati **malo** ovdje i **malo** ondje kako bi recept bio baš dobar. Mama zna da je kuhanje dobra vještina za naučiti, ali isto tako zna da će on učiti ove **mjere** u **rujnu** u školi.

2) Weather
2) Vrijeme

air
zrak

air pollution
zagađenje zraka

atmosphere
atmosfera

avalanche
lavina

barometer
barometar

barometric pressure
tlak zraka

blizzard
mećava

breeze
povjetarac

climate
klima

cloud
oblak

cold
hladnoća

cold front
hladna fronta

condensation
kondenzacija

cool
hladno

cyclone
ciklona

degree
stupanj

depression
depresija

dew
rosa

dew point

temperatura kondenzacije

downpour

pljusak

drift

zanošenje

drizzle

rominjanje

drought

suša

dry

suho

dust devil

kovitlac

dust storm

pješčana oluja

easterly wind

istočni vjetar

evaporation

isparavanje

eye of the storm
oko ciklone

fair
vedro

fall
jesen

flash flood
bujica

flood
poplava

flood stage
stadij poplave

flurries (snow)
naleti (snijeg)

fog
magla

forecast
prognoza

freeze
smrznuti

freezing rain
ledena kiša

front (cold/hot)
fronta (hladna/vruća)

frost
mraz

funnel cloud
ljevkasti oblak

global warming
globalno zatopljenje

gust of wind
nalet vjetra

hail
tuča

haze
sumaglica

heat
vrućina

heat index
indeks topline

heat wave

toplotni udar

high

visoko

humid

vlažno

humidity

vlažnost

hurricane

uragan

ice

led

ice crystals

ledeni kristali

ice storm

ledena oluja

icicle

ledenica

jet stream

mlazna struja

landfall
klizište

lighting
grom

low
nisko

low pressure system
sustav niskog tlaka

meteorologist
meteorolog

meteorology
meteorologija

mist
izmaglica

moisture
vlaga

monsoon
monsun

muggy
sparan

nor'easter

sjevero-istočnjak

normal

normalno

outlook

izgledi

overcast

naoblačenje

ozone

ozon

partly cloudy

mjestimično oblačno

polar

polarno

pollutant

zagađivač

precipitation

oborine

pressure

pritisak

radar

radar

radiation

radijacija

rain

kiša

rainbow

duga

rain gauge

mjerenje količine padalina

relative humidity

relativno vlažno

sandstorm

pješčana oluja

season

sezona

shower

pljusak

sky

nebo

sleet
susnježica

slush
bljuzgavica

smog
smog

smoke
dim

snowfall
padanje snijega

snowflake
pahulja

snow flurry
nalet snijega

snow shower
snježni tuš

snowstorm
snježna oluja

spring
proljeće

storm
oluja

storm surge
olujni udar

stratosphere
stratosfera

summer
ljeto

sunrise
izlazak sunca

sunset
zalazak sunca

supercell
superćelija

surge
udar

swell
mirno

temperature
temperature

thaw

topljenje

thermal

termalno

thermometer

termometar

thunder

grmljavina

thunderstorm

grmljavinsko nevrijeme

tornado

tornado

trace

trag

tropical

tropsko

tropical depression

tropska depresija

tropical storm

tropska oluja

turbulence
turbulencija

twister
tornado

typhoon
tajfun

unstable
nestabilno

visibility
vidljivost

vortex
vrtlog

warm
toplo

warning
upozorenje

watch
motrenje

weather
vrijeme

weather pattern
vremenski obrazac

weather report
vremenska prognoza

weather satellite
vremenski satelit

westerly wind
zapadni vjetar

whirlwind
vihor

wind
vjetar

wind chill
osjećaj hladnoće

winter
zima

Related Verbs
Srodni Glagoli

to blow
puhati

to clear up

raščistiti

to cool down

rashladiti

to drizzle

rominjati

to feel

osjećati

to forecast

qprognozirati

to hail

osuti

to rain

kišiti

to report

izvijestiti

to shine

sijati

to snow

snježiti

to storm

grmiti

to warm up

zagrijati

to watch

gledati

Heather loves the **seasons** and **weather**. She dreams of one day becoming a **meteorologist** so she can share her love with everyone. She is currently attending school to study the **weather** and how it works. She is learning that each of the four **seasons** brings its own **weather patterns** to the world. She is amazed at how the **seasons** affect the **weather**. The **seasons** vary throughout the world, but here in America, where Heather lives, there are four distinct **seasons**, and each of them brings something different to our world. In **winter**, the **temperature** is **cold** and the ground is white with **snow**. The **wind** gets so **cold** up on the mountaintop that the **wind chill** is below zero **degrees**. Sometimes, the **wind** blows with such force that it causes an **avalanche** of **snow** on the mountain. When the **air** is this **cold**, you are likely to wake up with **frost** on your car. In the **spring**, things begin to **heat** up. The **temperature** begins to **warm** up a bit, making the **snow** on the ground **thaw** out. The flowers begin to bloom and the trees begin to grow leaves. **Spring** often brings **rain**; sometimes the **rain** is so heavy, it causes **flash floods**. A common sighting in spring is a beautiful **rainbow** after the **rain**. The **temperature** is **hot** in the **summer**. The **temperatures** begin to rise and the **heat index** goes up causing a **heat wave**. There is not much

precipitation in **summer**; however, occasionally the **clouds** bring a **thunderstorm**. The **rain** usually does not last long in **summer**, but the **thunder** and **lightning** can be dangerous. Every time there is a **thunderstorm**, Heather will watch the **weather report** to see if they will issue a **watch** or a **warning**. After **summer**, **fall** brings the start of **cool temperatures**. The leaves on the trees begin to fall, preparing the tree for the **winter**. In the coastal regions, **hurricanes** become a problem in the **fall**. This is a dangerous, yet exciting time in the world of **meteorology**. The **seasons** have a huge effect on **weather**; however the biggest changes in **weather** and the most dangerous events, such as **tsunamis**, **tornados**, and **storms**, occur during the change in **seasons**. The **unstable** and ever-changing **temperatures** affect the **barometric pressure** in a way that causes these types of events. While dangerous, they are exciting to someone like Heather who studies the **weather**. Heather's goal is to one day help educate and warn people in advance when these events are likely to occur.

Heather voli **godišnja doba** i **vrijeme.** Ona sanja kako će jednog dana postati **meteorologinja** kako bi podijelila svoju ljubav sa svima. Trenutno pohađa školu gdje uči o **vremenu** i kako ono funkcionira. Uči da svako **godišnje doba** donosi svoje **vremenske obrasce** na svijet. Zadivljuje ju kako **godišnja doba** utječu na **vrijeme. Godišnja doba** variraju u svijetu, ali ovdje u Americi, gdje Heather živi, postoje četiri različita **godišnja doba** i svako od njih donosi nešto drukčije svijetu. **Zimi** je **vrijeme hladno**, a zemlja je bijela od **snijega. Vjetar** postane toliko **hladan** na planinskim vrhovima da je **osjećaj hladnoće** ispod nula **stupnjeva.** Ponekad, **vjetar** puše tolikom snagom da uzrokuje **lavinu snijega** na planini. Kada je **zrak** ovako **hladan**, vjerojatno ćete se probuditi s **mrazom** na vašem autu. U **proljeće**, vrijeme se počinje **zagrijavati**. **Temperatura** se počinje malo **dizati**, zbog čega se **snijeg** na zemlji **topi**. Cvijeće počinje cvjetati i na stablima počinje rasti lišće. **Proljeće** često donosi **kišu**; ponekad je **kiša** toliko obilna da uzrokuje **bujice**. Česta pojava u proljeće je prekrasna **duga** poslije **kiše**. **Temperatura** je **visoka** ljeti. **Temperature** počinju rasti i **indeks topline** raste uzrokujući **toplinski val**. **Ljeti** nema mnogo **oborina**; međutim, ponekad **oblaci** donesu **grmljavinsko nevrijeme**. Kiša najčešće ne traje dugo **ljeti**, ali **grmljavina** i **gromovi** mogu biti opasni. Svaki put kada je **grmljavinsko nevrijeme** Heather gleda **vremensku prognozu** kako bi vidjela hoće li pozvati na **oprez** ili izdati **upozorenje**. Nakon **ljeta**, **jesen** donosi početak **hladnog vremena**. Lišće na stablima počinje padati, pripremajući stablo za **zimu**. U obalnim područjima **uragani** postaju problem u **jesen**. Ovo je opasno, a opet uzbudljivo vrijeme u svijetu **meteorologije**. **Godišnja doba** imaju ogroman utjecaj na **vrijeme**; međutim najveće promjene u **vremenu** i najopasniji događaji, kao **tsunamiji, tornada** i **oluje**, događaju se tijekom promjene u **godišnjim dobima**. **Nestabilne** i uvijek promjenjive **temperature** utječu na **tlak zraka** tako što uzrokuju ove vrste promjena. Iako opasne, uzbudljive su nekome poput Heather koja proučava **vrijeme**. Heatherin cilj je da jednog dana pomogne educirati i unaprijed upozoriti ljude kada je najvjerojatnije da se ovi događaji odviju.

3) People
3) Ljudi

athlete
atleta

baby
beba

boy
dječak

boyfriend
momak

brother
brat

brother-in-law
šurjak

businessman
biznismen

candidate
kandidat

child/children
dijete/djeca

coach
trener

cousin
rođak

customer
kupac

daughter
kćer

daughter-in-law
snaha

driver
vozač

family
obitelj

farmer
farmer/poljoprivrednik

father/dad
otac/tata

father-in-law
svekar

female
žensko

friend
prijatelj

girl
djevojčica

girlfriend
djevojka

godparents
kumovi

grandchildren
unuci

granddaughter
unuka

grandfather
djed

grandmother
baka

grandparents
djed i baka

grandson
unuk

husband
muž/suprug

instructor
instruktor

kid
dječak

king
kralj

male
muško

man
muškarac

mother/mom
majka/mama

mother-in-law
svekrva

nephew

nećak

niece

nećakinja

parent

roditelj

people

ljudi

princess

princeza

queen

kraljica

rock star

rok zvijezda

sister

sestra

sister-in-law

šurjakinja

son

sin

son-in-law

zet

student

student

teenager

tinejdžer

tourist

turist

wife

žena/supruga

woman

žena

youth

mladost

Characteristics
Karakteristike

attractive

privlačan

bald

ćelav

beard

brada

beautiful

prelijepo

black hair

crna kosa

blind

slijep

blond

blond/plava

blue eyes

plave oči

brown eyes

smeđe oči

brown hair

smeđa kosa

brunette

brineta

curly hair

kovrčava kosa

dark
taman

deaf
gluh

divorced
rastavljen

elderly
star

fair (skin)
svijetla (koža)

fat
debeo

gray hair
sijeda kosa

green eyes
zelene oči

handsome
naočit

hazel eyes
kestenjaste oči

heavyset
krupne građe

light brown
svijetlo smeđa

long hair
duga kosa

married
oženjen (man)/udana (woman)/u braku (both)

mustache
brkovi

old
star

olive
maslina

overweight
pretio

pale
blijed

petite
malen

plump
punašan

pregnant
trudna

red head
crvenokosa

short
kratak

short hair
kratka kosa

skinny
mršav

slim
vitak

stocky
nabijen

straight hair
ravna kosa

tall
visok

tanned
preplanuo

thin
tanak

wavy hair
valovita kosa

well built
dobro građen

white
bijel

young
mlad

Stages of Life
Stadiji Života

adolescence
adolescencija

adult
odrastao

anniversary
godišnjica

birth
rođenje

death
smrt

divorce
rastava

elderly
stariji

graduation
diplomiranje

infant
dojenče

marriage
brak

middle aged
sredovječan

newborn
novorođenče

preschooler
predškolac

preteen
predadolescent

senior citizen
starija osoba

teenager
tinejdžer

toddler
malo dijete

tween
predadolescent

young adult
mlada osoba

youth
mladost

Religion
Religija

Agnostic
agnostik

Atheist
ateist

Baha'i
baha'i

Buddhist
budist

Christian
kršćanin

Hindu
hindus

Jewish
židov

Muslim
musliman

Sikh
sik

Work
Zanimanje

accountant
računovođa

actor
glumac

associate
kolega

astronaut
astronaut

banker
bankar

butcher
mesar

carpenter
stolar

chef
glavni kuhar

clerk
službenik

composer
skladatelj

custodian
kustos

dentist
zubar

doctor

doktor

electrician

električar

executive

izvršni direktor

farmer

farmer/poljoprivrednik

fireman

vatrogasac

handyman

majstor

judge

sudac

landscaper

pejzažni arhitekt

lawyer

odvjetnik

librarian

knjižničar

manager
menadžer

model
model

notary
bilježnik

nurse
medicinska sestra/brat

optician
optičar

pharmacist
farmaceut

pilot
pilot

policeman
policajac

preacher
pop

president
predsjednik

representative
predstavnik

scientist
znanstvenik

secretary
tajnica

singer
pjevač

soldier
vojnik

teacher
učitelj

technician
tehničar

treasurer
blagajnik

writer
pisac

zoologist
zoolog

Related Verbs
Srodni Glagoli

to deliver
dostaviti

to enjoy
uživati

to grow
rasti

to laugh
smijati se

to love
voljeti

to make
napraviti

to manage
upravljati

to repair
popraviti

to serve
poslužiti

to sing

pjevati

to smile

smijati se

to talk

pričati

to think

razmišljati

to work

raditi

to work at

raditi na

to work for

raditi za

to work on

raditi na

to worship

slaviti

to write

pisati

John is a successful **pilot** and **businessman**. This came as no surprise to any of his **family** and **friends**, but his start in life wasn't an easy one. When he was just a **baby**, John spent a lot of time seeing **doctors** for a rare condition he was born with. As an **infant**, he was very sick and required the care of a **nurse** all the time. While he was in the hospital, everyone came to visit him; **aunts**, **uncles**, **cousins**, and of course his **grandparents**. Finally, he got well and he was able to live a normal, healthy life. Because of all he had been through, his **parents** knew he would be a successful **man**. As a **toddler**, he and his **grandfather** loved to watch planes fly over his house. John's **grandfather** told his **grandson** that he could be anything he wanted when he grew up. He was such a curious **child**, but never lost his love of planes, he even dreamed of being an **astronaut**. As he grew older, he really excelled in math and science class, his **teachers** were amazed and his **mom** and **dad** were so proud of him. He was the top **student** in his class when he graduated high school. He was a **tall**, **handsome young man** with **black hair** and **blue eyes**. He was also very talented on the basketball court; his **coach** thought he was a fine **youth** as well. He was just a **teenager** when he finished college and became a **pilot**, finally getting to live his lifelong dream. One day there was an accident that forced John into the hospital for quite some time, there he met a young **woman** named Rachel, and she was a **nurse.** John quickly recovered under the care of his **girlfriend**, but he was never able to fly again. He did however become a flight school **instructor** where he was able to teach other people how to fly. It wasn't long that John and Rachel because **husband** and **wife**. They had two lovely **children,** one **boy** and one **girl**. Jill is quite the **singer**; everything is a microphone to this aspiring rock star. She is the cutest little **princess** you have ever seen! But Little Johnny Junior is following in his **father's** footsteps because he dreams of being a **pilot**, just like his **daddy**. **Father, son**, and **grandson** all love to spend quiet Sunday afternoons watching the planes go by. John knows that one day his **son** will be able to fly planes just like he did. While this thought scares him a little because of the accident, he is very proud of his **son** for his passion for flying. Maybe one day he will be a **student** in his **father's** flight school. In all of his successes, John's **family** is the achievement he is most proud of.

John je uspješan **pilot** i **biznismen**. To nije bilo iznenađenje za nikoga od njegove **obitelji** i **prijatelja**, ali njegov životni početak nije bio lagan. Kada je bio **beba**, John je provodio mnogo vremena posjećujući **doktore** zbog rijetke bolesti s kojom je rođen. Kao **dojenče**, bio je jako bolestan i cijelo vrijeme mu je bila potrebna njega od strane **medicinske sestre**. Dok je bio u bolnici, svi su ga posjećivali; **strine, stričevi, rođaci** i naravno njegovi **djed i baka**. Napokon je ozdravio i bio u stanju živjeti normalnim i sretnim životom. Zbog svega što je prošao, njegovi **roditelji** su znali da će biti uspješan **muškarac**. Kao **malo dijete**, on i njegov **djed** voljeli su gledati avione kako lete iznad njegove kuće. Johnov **djed** rekao je svom **unuku** da može biti što god želi kad odraste. Bio je tako znatiželjno **dijete**, ali nikada nije izgubio ljubav prema avionima, čak je sanjao da će postati **astronaut**. Kako je odrastao, stvarno je briljirao na satovima matematike i znanosti, njegovi **nastavnici** su bili zapanjeni, a njegovi **mama** i **tata** jako ponosni na njega. Bio je najbolji **učenik** u svom razredu kada je maturirao. Bio je **visok, naočit, mlad muškarac** sa **crnom kosom** i **plavim očima**. Bio je i jako talentiran na košarkaškom terenu; njegov **trener** je isto mislio kako je dobar **mladić**. Bio je tek **tinejdžer** kada je završio koledž i postao **pilot**, te napokon počeo živjeti svoj dugogodišnji san. Jedan dan se dogodila nesreća koja je Johna natjerala da provede dosta vremena u bolnici, tamo je upoznao mladu **ženu** koja se zvala Rachel i bila je **medicinska sestra**. John se brzo oporavio pod nadzorom svoje **djevojke**, ali nikada više nije mogao letjeti. Međutim, postao je **instruktor** u školi leta gdje je učio druge ljude kako letjeti. Nije prošlo mnogo vremena prije nego su John i Rachel postali **muž** i **žena**. Dobili su dvoje divne **djece**, **dječak** i **djevojčica**. Jill je dobra **pjevačica**; sve je mikrofon za ovu **rok zvijezdu** u usponu. Ona je najljepša mala **princeza** koju ste ikada vidjeli! Ali mali Johhny Junior slijedi stope svog **oca** jer sanja o tome da postane **pilot**, baš kao njegov **tata**. I **otac** i **sin** i **unuk** vole provoditi mirna nedjeljna popodneva gledajući avione kako prolaze. John zna da će jednoga dana njegov **sin** moći upravljati avionima baš kao što je to on radio. Dok ga ova pomisao malo plaši zbog nesreće, jako je ponosan na svog **sina** zbog njegove strasti za letenjem. Možda će jednog dana biti **učenik** u školi letenja njegovog **oca**. Od cijelog njegovog uspjeha, Johnova **obitelj** je postignuće na koje je najponosniji.

4) Parts of the Body
4) Dijelovi Tijela

ankle
gležanj

arm
ruka

back
leđa

beard
brada

belly
trbuh

blood
krv

body
tijelo

bone
kost

brain
mozak

breasts
grudi

buttocks
stražnjica

calf
list

cheek
obraz

chest
prsa

chin
brada

ear
uho

elbow
lakat

eye
oko

eyebrow

obrva

eyelash

trepavice

face

lice

finger

prst

finger nail

nokat

fist

šaka

flesh

meso

foot/feet

noga/noge

forearm

podlaktica

forehead

čelo

hair
kosa

hand
šaka

head
glava

heel
peta

hip
kuk

jaw
čeljust

knee
koljeno

leg
noga

lips
usne

moustache
brkovi

mouth

usta

muscle

mišić

nail

nokat

neck

vrat

nose

nos

nostril

nosnica

palm

dlan

shin

cjevanica

shoulder

rame

skin

koža

spine

kralježnica

stomach

stomak

teeth/tooth

zubi/zub

thigh

bedro

throat

grlo

thumb

palac

toe

nožni prst

toenail

nožni nokat

tongue

jezik

underarm

pazuho

waist
struk

wrist
ručni zglob

Related Verbs
Srodni Glagoli

to exercise
vježbati

to feel
osjećati

to hear
čuti

to see
vidjeti

to smell
mirisati

to taste
okusiti

to touch
dirati

One day an alien crash landed on planet Earth. He was very confused and didn't know where he was. As he explored this undiscovered world, he happened along a little boy named David. David was eight years old and wasn't scared at all; after all, he knew there were aliens and he was happy to finally meet one. The alien had a large **head** and funny pointing **ears;** and he moved in a curious way with six **legs**! The alien was so confused when he saw the boy, so he asked David, "Why do you look so funny?" David laughed and told him all humans look like this. David has a good **heart** and wanted to make sure the alien was familiar with the people of Earth, so he told him all about how we use our body parts. "Let me tell you all about these funny parts", replied David. "On top of my body is my **head**; we have two **eyes** to see; two **ears** to hear; a **nose** to smell; and a **mouth** to talk and eat." The alien was surprised because he had all of these parts, but they looked much different. "Well then," said the alien, "what are those things you are standing on and why are there only two of them? David said, "These are **legs**, we just put one in front of the other and it makes us walk or run." The alien was amazed that the human could walk with only two **legs**, after all, he had six **legs** and he needed them all to get around! "What are those things that are dangling off your upper **legs**?" asked the alien. "Oh, these? They are called **fingers** and they are attached to my **hands** and **arms**. Look! Aren't they neat? I can wiggle them, tickle with them, I even use them to pick things up. They really come in handy for lots of different things." The alien really wanted a set of those fingers, and then to find out there are **toes** on the end of the **legs**... wow! He just had to have some! The alien wanted to know more, so he continued, "What is that stuff sticking up on the top of your **head**?" David replied, "That is called **hair.** It grows really fast, even after I cut it off, it just grows back out!! Adult humans have **hair** on other parts of their bodies; l**egs, arms, face,** even their **toes**!" "Why don't you have **hair** on those parts?" asked the alien. David told him that he would not grow **hair** on those parts until he grows up. The alien was satisfied with David's explanation of the human body parts and decided it was time to return home. David was sad to see him go, but so excited to tell his friends all about his encounter with such a curious alien.

Jednog dana izvanzemaljac se srušio na Zemlju. Bio je jako zbunjen i nije znao gdje se nalazi. Dok je istraživao ovaj neotkriveni svijet, naletio je na dječaka koji se zvao David. David je imao osam godina i uopće nije bio uplašen; uostalom, znao je da postoje izvanzemaljci i bio je sretan što je napokon upoznao jednog. Izvanzemaljac je imao veliku **glavu** i čudne, šiljaste **uši**; i kretao se na čudan način sa šest **nogu**! Izvanzemaljac je bio tako zbunjen kada je vidio dječaka, pa je pitao Davida, "Zašto izgledaš tako čudno?" David se nasmijao i rekao mu da svi ljudi izgledaju tako. David ima dobro **srce** i htio je da izvanzemaljac bude upoznat sa ljudima sa Zemlje, te mu je ispričao sve o tome kako koristimo svoje dijelove tijela. "Reći ću ti sve o ovim čudnim dijelovima", odgovorio je David. "Na vrhu mog tijela se nalazi moja **glava**; imamo dva oka za vidjeti; dva **uha** za čuti; **nos** za mirisati; i **usta** za pričati i jesti." Izvanzemaljac je bio iznenađen jer je imao sve ove dijelove, ali su izgledali jako različito. "Pa dobro," rekao je izvanzemaljac, "što su te stvari na kojima stojiš i zašto imaš samo dvije?" David je rekao, "Ovo su **noge**, samo stavljamo jednu ispred druge i tako hodamo i trčimo." Izvanzemaljac je bio zapanjen jer čovjek može hodati sa samo dvije **noge**, uostalom, on je imao šest **nogu** i sve su mu trebale da bi se kretao! "Što su te stvari koje ti vise sa gornjih **nogu**?" upitao je izvanzemaljac. "Oh, ove? To se zovu **prsti** i oni su spojeni s mojim **šakama** i **rukama**. Pogledaj! Zar nisu divni? Mogu ih mrdati, škakljati sa njima, čak ih koristim da podignem stvari. Stvarno su korisni za mnogo različitih stvari." Izvanzemaljac je stvarno htio te prste, i onda je još saznao da postoje **nožni prsti** na vrhu **nogu**... Jednostavno ih je morao imati! Izvanzemaljac je htio znati još, pa je nastavio, "Što je to što ti viri na vrhu **glave**?" David je odgovorio, "To se zove **kosa**. Raste jako brzo, čak i nakon što je ošišam, ona samo ponovo naraste!! Odrasli ljudi imaju **dlake** na drugim dijelovima tijela; **nogama**, **rukama**, **licu**, čak i **nožnim prstima**!" "Zašto ti nemaš **dlake** na tim dijelovima?" upitao je izvanzemaljac. David mu je rekao da mu neće narasti **dlake** na tim dijelovima tijela dok ne odraste. Izvanzemaljac je bio zadovoljan Davidovim objašnjenjem dijelova tijela čovjeka i odlučio je da je vrijeme da se vrati kući. David je bio tužan što odlazi, ali jako uzbuđen što će reći svojim prijateljima sve o svom susretu sa tako znatiželjnim izvanzemaljcem.

5) Animals
5) Životinje

alligator
aligator

anteater
mravojed

antelope
antilopa

ape
majmun

armadillo
pasanac

baboon
babun

bat
šišmiš

bear
medvjed

beaver

dabar

bison

bizon

bobcat

ris

camel

deva

caribou

sjevernoamerički sob

cat

mačka

chameleon

kameleon

cheetah

gepard

chipmunk

sjevernoamerička vjeverica

cougar

puma

cow
krava

coyote
kojot

crocodile
krokodil

deer
jelen

dinosaur
dinosaur

dog
pas

donkey
magarac

elephant
slon

emu
emu

ferret
lasica

fox
lisica

frog
žaba

gerbil
skočimiš

giraffe
žirafa

goat
koza

gorilla
gorila

groundhog
svizac

guinea pig
gvinejska svinja

hamster
hrčak

hedgehog
jež

hippopotamus
nilski konj

horse
konj

iguana
iguana

kangaroo
klokan

lemur
lemur

leopard
leopard

lion
lav

lizard
gušter

llama
ljama

meerkat
merkat

mouse/mice
miš/miševi

mole
krtica

monkey
majmun

moose
sob

mouse
miš

otter
vidra

panda
panda

panther
pantera

pig
svinja

platypus
čudnovati kljunaš

polar bear
polarni medvjed

porcupine
dikobraz

rabbit
zec

raccoon
rakun

rat
štakor

rhinoceros
nosorog

sheep
ovca

skunk
tvor

sloth
ljenjivac

snake
zmija

squirrel
vjeverica

tiger
tigar

toad
žaba krastača

turtle
kornjača

walrus
morž

warthog
bradavičasta svinja

weasel
lasica

wolf
vuk

zebra
zebra

Birds
Ptice

canary
kanarinac

chicken
kokoš

crow
vrana

dove
golubica

duck
patka

eagle
orao

falcon
sokol

flamingo
flamingo

goose
guska

hawk

jastreb

hummingbird

kolibrić

ostrich

noj

owl

sova

parrot

papiga

peacock

paun

pelican

pelikan

pheasant

fazan

pigeon

golub

robin

crvendać

rooster
pijetao

sparrow
vrabac

swan
labud

turkey
tuka

Water/Ocean/Beach
Voda/Ocean/Plaža

bass
grgeč

catfish
som

clam
školjka

crab
rak

goldfish
zlatna ribica

jellyfish

meduza

lobster

jastog

mussel

dagnja

oyster

kamenica

salmon

losos

shark

morski pas

trout

pastrva

tuna

tuna

whale

kit

Insects
Insekti

ant
mrav

bee
pčela

beetle
buba

butterfly
leptir

cockroach
žohar

dragonfly
vilin konjic

earthworm
crv

flea
buha

fly
muha

gnat
obični komarac

grasshopper
skakavac

ladybug
bubamara

moth
leptirica/moljac

mosquito
komarac

spider
pauk

wasp
osa

Related Verbs
Srodni Glagoli

to eat
jesti

to bark
lajati

to chase
loviti

to feed
hraniti

to hibernate
hibernirati

to hunt
loviti

to move
kretati se

to perch
stajati

to prey
vrebati

to run
trčati

to swim
plivati

to wag
mahati repom

to walk

hodati

Sarah is a seven year old girl who loves to visit the zoo. Her mom takes her to the local zoo at least once a week to see her favorite animals. This is an account of her usual visit to the zoo: When they arrive, they must pass by the **flamingos** and boy do they smell! They are pretty to look at, but don't get too close! Sarah insists that they visit her favorite animal first, the **elephants**. She loves how big, yet gentle they are. They spend time watching the **elephants** move about their habitat and one time, she even got to see an **elephant** paint! Next, they visit the Birds' Nest exhibit. They have many different species of **birds** on display, including **sparrows**, **robins**, **peacocks**, **canaries**, **hummingbirds**, they even have an **eagle**! The **eagle** is so majestic; it is Sarah's favorite **bird**. Sometimes the **eagle**'s trainer will put on a show and Sarah just loves to see it spread its wings! After visiting the birds, Sarah likes to visit the mammal section of the zoo. They have **bears**, **tigers**, **lions**, **monkeys**, they even have **pandas**! One of the **pandas** had twin babies last year and Sarah has really enjoyed watching them grow up. After lunch, they visit the **reptile** house; there are lots of scaly looking animals there! The **alligators** are big and scary, but Sarah likes to watch from a distance. They also have **frogs** in lots of different colors; some are green, some are yellow and black, and some are blue! The best animals in the **reptile** house are the **snakes**. Some are stretched out long and some are coiled up taking a nap! They come in many different colors as well. Did you know that **snakes** eat **mice**? Sarah once got to see a **snake** eat its lunch, it was a little yucky to watch, but neat to see how a **snake** eats. After visiting the **reptiles**,

Sarah and her mom go to see the **meerkats** and **warthogs**. They always make Sarah think of her favorite movie characters. The **meerkats** are silly little creatures and the **warthogs** just lay around in the mud all day! Sarah then goes to visit the tallest animal in the zoo, the **giraffe.** One day she even got to feed one! Its mouth is very weird to touch and it has a long tongue. One of the more popular sites at the zoo is the petting zoo. Sarah gets to brush the coat of **goats**, **sheep**, and even **pigs**! One last stop, to ride the train. While on the zoo train, Sarah gets to see lots of different animals, such as **kangaroos**, **ostriches**, **turtles**, and many more! Maybe one day, Sarah's mom can talk her into going to the aquarium instead of the zoo. Sarah would surely enjoy seeing **sharks**, **whales**, and **jellyfish**!

Sarah je sedmogodišnja djevojčica koja voli posjećivati zoološki vrt. Njena mama je vodi u lokalni zoološki vrt barem jedan put tjedno kako bi vidjela svoje omiljene životinje. Ovako izgleda njen uobičajen posjet zoološkom vrtu: kada dođu, moraju proći kraj **flamingosa**, a oni jako smrde! Lijepi su za gledanje, ali ne približavajte im se previše! Sarah inzistira na tome da prvo posjete njene najdraže životinje, **slonove**. Voli kako su veliki, a opet nježni. Provode vrijeme gledajući **slonove** kako se kreću svojim staništem, a jednom je čak vidjela **slona** kako slika! Zatim posjete izložbu Ptičja Gnijezda. Imaju mnogo različitih vrsta **ptica** u izlogu, uključujući **vrapce, crvendaće, paunove, kanarince, kolibriće**, čak imaju i **orla**! **Orao** je tako veličanstven; to je Sarina najdraža **ptica**. Ponekad **orlov** trener priredi predstavu, a Sarah jednostavno obožava gledati njegova krila kako se šire! Nakon posjete pticama, Sarah voli posjetiti odjeljak sisavaca. Imaju **medvjede, tigrove, lavove, majmune**, imaju čak i **pande**! Jedna od **pandi** dobila je blizance prošle godine i Sarah zaista uživa gledajući ih kako rastu. Nakon ručka, posjete kuću s **gmazovima**; tamo ima mnogo životinja zastrašujućeg izgleda! **Aligatori** su veliki i strašni, ali Sarah voli promatrati s udaljenosti. Imaju i **žabe** u mnogo različitih boja; neke su zelene, neke su žuto-crne, a neke su plave! Najbolje životinje u kući s **gmazova** su **zmije**. Neke su ispružene, a neke su svijene i spavaju! I one su isto različitih boja. Jeste li znali da **zmije** jedu **miševe**? Sarah je jednom vidjela **zmiju** kako jede svoj ručak, bilo je malo ljigavo za gledati, ali zanimljivo vidjeti kako **zmija** jede. Nakon posjete **gmazovima**, Sarah i njena mama idu gledati **merkate** i **bradavičaste svinje**. Oni uvijek Saru podsjete na njene omiljene filmske likove. **Merkati** su smiješna mala bića, a **bradavičaste svinje** samo leže u blatu cijeli dan! Sarah zatim ode posjetiti najveću životinju u zoološkom vrtu, **žirafu**. Jednom je čak jednu i hranila! Njena usta su vrlo čudna na dodir i ima dug jezik. Jedno od popularnijih mjesta u zoološkom vrtu je farma. Sarah tu može češljati **koze, ovce**, pa čak i **svinje**! Posljednja stanica je vožnja vlakom. Dok se vozi vlakom zoološkog vrta, Sarah može vidjeti mnogo različitih životinja, kao što su **klokani, nojevi, kornjače**, i mnoge druge! Možda jednoga dana mama nagovori Saru da odu u akvarij umjesto zoološkog vrta. Sarah bi sigurno uživala gledajući **morske pse, kitove** i **meduze**!

6) Plants and Trees
6) Biljke i Stabla

acacia
bagrem

acorn
žir

annual
godišnji

apple tree
stablo jabuke

bamboo
bambus

bark
kora

bean
grah

berry
bobica

birch

breza

blossom

procvat

branch

grana

brush

žbun

bud

pupoljak

bulb

gomolj

bush

grm

cabbage

kupus

cactus

kaktus

carnation

karanfil

cedar

cedar

cherry tree

stablo trešnje

chestnut

kesten

corn

kukuruz

cypress

čempres

deciduous

listopadan

dogwood

sviba

eucalyptus

eukaliptus

evergreen

zimzelen

fern

paprat

fertilizer

gnojivo

fir

jela

flower

cvijet

foliage

lišće

forest

šuma

fruit

voće

garden

vrt

ginkgo

ginko

grain

žitarice

grass

trava

hay
sijeno

herb
bilje

hickory
američki orah

ivy
bršljan

juniper
smreka

kudzu
kudzu

leaf/leaves
list/lišće

lettuce
salata

lily
ljiljan

magnolia
magnolija

maple tree
javor

moss
mahovina

nut
orah

oak
hrast

palm tree
palma

pine cone
češer

pine tree
bor

plant
biljka

peach tree
stablo breskve

pear tree
stablo kruške

petal
latica

poison ivy
otrovni bršljan

pollen
pelud

pumpkin
bundeva

root
korijen

roses
ruže

sage
kadulja

sap
biljni sok

seed
sjeme

shrub
grm

squash
buča/tikva

soil
tlo

stem
stabljika

thorn
trn

tree
stablo

trunk
deblo

vegetable
povrće

vine
vinova loza

weed
korov

Related Verbs
Srodni Glagoli

to fertilize
pognojiti

to gather
skupljati

to grow
rasti

to harvest
žeti

to pick
brati

to plant
saditi

to plow
orati

to rake
grabljati

to sow
saditi

to spray

prskati

---

to water

zalijevati

---

to weed

čupati korov

Farmer Smith was a kind old man. He ran the local farm and orchard. One day, while out harvesting **corn**, a bird hobbled over and sat down beside him. Farmer Smith noticed the poor little bird had a broken wing, so he gathered up his supplies and cradled the bird in one of his baskets. The bird could not fly and was helpless, so Farmer Smith decided to nurse the bird back to good health. He used a small piece of **bark** to bandage the broken wing. Every day Farmer Smith would take the bird for a walk and they would rest against the **trunk** of an old **oak tree** at the edge of the property. The farmer loved to tell the bird all about the different **plants** on his farm. He told of the **pine trees** that lined his property. These **trees** were perfect Christmas **trees**. He told of the **flowers** that grew wild near the lake, he explained how they started as a seed, and then grew into a bulb, then eventually into a beautiful **flower**. They were so colorful and vibrant; they remind the farmer of his wife. He would bring her **roses** every day for her to use on the dinner table. His wife was a wonderful cook, she could cook anything that the farmer grew; **squash, pumpkin, pears, apples, cabbage,** and many more. The way she used the **herbs** was like magic! The little bird loved to hear the stories about the farmer's wife, just hearing about her brought the bird comfort.

One day, while the farmer was out **tilling** the **soil,** he heard a small sound approaching him; he turned around to see it was the little bird he had been caring for. She had learned to fly again! The farmer decided it was time for the bird to go live in the **forest** again. She was strong enough and prepared to survive on her own. It was a sad day, but the farmer took the bird into the **deciduous forest** and released her. One day, in early spring the farmer noticed a bird on his window sill. He couldn't believe his eyes, it was the same bird. He was so pleased to see the bird again, for it reminded him of his wife. Now, every spring, the bird comes to visit the farmer. He and the bird go to that old **oak tree** and Farmer Smith tells a new story about his wife. I don't know whatever happened to that bird, but it visited the farmer every year until the farmer passed away. It even visited his window sill at the hospital the year before he died. No one has ever seen it happen, but I know that the bird brings a single **rose** to Farmer Brown's resting site. Some may see the bird as a small, helpless creature, but for Farmer Smith, the bird helped to fill a void for his remaining years.

Farmer Smith bio je ljubazan starac. Upravljao je lokalnom farmom i voćnjakom. Jednog dana, dok je žeo **kukuruz**, ptica se spustila i sjela dolje kraj njega. Farmer Smith primjetio je da je jadnoj, maloj ptici slomljeno krilo, te je skupio svoj pribor i stavio pticu u jednu od njegovih košara. Ptica nije mogla letjeti i bila je bespomoćna, pa je farmer Smith odlučio njegovati pticu dok se ne oporavi. Iskoristio je mali komad **kore** kako bi zavio slomljeno krilo. Farmer Smith bi svakog dana poveo pticu u šetnju i odmorili bi se uz **deblo** starog **hrasta** na rubu posjeda. Farmer je volio pričati ptici sve o različitim **biljkama** na njegovoj farmi. Pričao je o **borovima** koji su okruživali njegovu farmu. Ova **stabla** su savršena božićna **drvca**. Pričao je o **cvijeću** koje divlje raste blizu jezera, objasnio je kako je počelo kao sjeme, zatim izraslo u gomolj, te konačno u prekrasni **cvijet**. Bilo je tako šareno i puno života; farmera je podsjećalo na njegovu ženu. Donosio bi joj **ruže** svaki dan kako bi ih stavila na stol. Njegova žena bila je odlična kuharica, mogla je skuhati bilo što što je farmer uzgajao; **buču, bundevu, kruške, jabuke, kupus**, i mnogo drugih stvari. Način na koji je koristila **bilje** bio je kao čarolija! Mala ptica voljela je slušati priče o farmerovoj ženi, samo slušati o njoj davalo je ptici utjehu. Jednoga dan, dok je farmer **obrađivao tlo**, čuo je tihi zvuk kako mu se približava; okrenuo se i vidio da je to mala ptica o kojoj se brinuo. Naučila je opet letjeti! Farmer je odlučio da je vrijeme da ptica opet ode živjeti u **šumu**. Bila je dovoljno jaka i spremna preživljavati sama. Bio je to tužan dan, ali farmer je odnio pticu u **listopadnu šumu** i pustio ju. Jednoga dana, u rano proljeće farmer je primjetio pticu na svom prozorskom pragu. Nije mogao vjerovati svojim očima, bila je to ista ptica. Bio je tako sretan što opet vidi pticu, jer ga je podsjećala na njegovu ženu. Sada, svako proljeće, ptica dolazi posjetiti farmera. On i ptica odu do onog starog **hrasta** i farmer Smith priča novu priču o svojoj ženi. Ne znam što se na kraju dogodilo s tom pticom, ali posjećivala je farmera svake godine dok nije umro. Čak je posjećivala njegov prozorski prag u bolnici godinu prije nego je umro. Nitko nije takvo nešto ikada vidio, ali ja znam da ptica donosi jednu **ružu** na počivalište farmera Smitha. Neki možda vide pticu kao malo, bespomoćno biće, ali farmeru Smithu je ptica je pomogla ispuniti prazninu u njegovim preostalim godinama.

7) Meeting Each Other
7) Upoznavanje Jedni Drugih

Greetings/Introductions
Pozdravi/Upoznavanje

Good morning
dobro jutro

Good afternoon
dobar dan

Good evening
dobra večer

Good night
laku noć

Hi
hej

Hello
bok

Have you met (name)?
jesi li upoznao (ime)?

Haven't we met?

jesmo li se upoznali?

How are you?

kako si?

How are you today?

kako si danas?

How do you do?

kako si?

How's it going?

kako je?

I am (name)

ja sam (ime)

I don't think we've met.

mislim da se nismo upoznali

It's nice to meet you.

drago mi je

Meet (name)

upoznaj se s/sa (ime)

My friends call me (nickname)

moji me prijatelji zovu (nadimak)

My name is (name)

moje ime je (ime)

Nice to meet you.

drago mi je

Nice to see you again.

drago mi je što te opet vidim

Pleased to meet you.

zadovoljstvo mi je

This is (name)

ovo je (ime)

What's your name?

kako se zoveš?

Who are you?

tko si ti?

Greeting Answers
Odgovori na pozdrav

Fine, thanks

dobro, hvala

I'm exhausted

iscrpljen sam

I'm okay

dobro sam

I'm sick

bolestan sam

I'm tired

umoran sam

Not too bad

nije loše

Not too well, actually

ne baš dobro, zapravo

Very well

jako dobro

Saying Goodbye
Pozdraviti Se

Bye

pozdrav

Goodbye

zbogom

Good night

laku noć

See you

vidimo se

See you later

vidimo se poslije

See you next week

vidimo se idući tjedan

See you soon

vidimo se uskoro

See you tomorrow

vidimo se sutra

Courtesy
Uljudnost

Exuse me

oprostite

Pardon me

pardon

I'm sorry

žao mi je

Thanks

hvala

Thank you

hvala ti

You're welcome

nema na čemu

Special Greetings
Posebni Pozdravi

Congratulations

čestitam

Get well soon

brzo ozdravi

Good luck

sretno

Happy New Year

sretna Nova Godina

Happy Easter

sretan Uskrs

Merry Christmas

sretan Božić

Well done

bravo

Related Verbs
Srodni Glagoli

to greet

pozdraviti

to meet

upoznati

to say

reći

to shake hands

rukovati se

to talk

razgovarati

to thank

zahvaliti

This is the story of a man named Pop. He just started a new job as a greeter at the local discount store. His son was so proud, he gave him a card that said, "**Congratulations**". He is a little nervous because he has never been a store greeter before. Throughout the day, there are so many customers going in and out of the store, sometimes Pop forgets what he should say. "**Pleased to meet you**" or "**Can I help you out?**" are good options for being polite. His manager assured him, saying, "You will be just fine, so don't worry." He begins the work day with a smile on his face, but by the end of the day, his smile is erased. "**Good morning,**" he says with a smile to the nice lady walking down the produce aisle. "**How are you doing?**" asked Pop, but she must not have heard him, because she didn't stop to say **hello**. "Hmm", said Pop, I guess she didn't hear me because a polite person would have said something like, '**Fine, how are you?**' or '**I'm fine, thank you.**' Next there was man with a bushy white beard, he looked very friendly and kind. Pop greeted him politely and said, "**Happy New Year!**" The man just grunted and went on his way, I guess he wasn't friendly after all. Pop replied, "**Have a good day!**" The next several customers were polite and spoke to him. Some of the customers said, "**How do you do?**" and one said, "**My name is Jim. What is your name?**" As the day went on, Pop got really tired and his **greetings** were losing not seeming as effective as earlier in the day. His manager was upset, but gave him another chance. He warned Pop that just saying "**Hi**" or "**Hello**" wasn't enough for the friendly environment our customers are used to. "If you want to make a good impression, you have to be polite. You can say something like, '**Merry Christmas**' or '**Good day to you, sir**', but please be nice to everyone you meet. Finally, as the end of the day was nearing, Pop was very happy to finally be able to say, "**Good night**." He went home without his smile, but said tomorrow is a new day and I will make sure to smile for everyone.

Ovo je priča o čovjeku imena Pop. Upravo je dobio posao pozdravljača u lokalnom diskontu. Njegov sin bio je tako ponosan, dao mu je čestitku na kojoj piše, **"Čestitam"**. Malo je nervozan jer nikada prije nije bio pozdravljač u dućanu. Tijekom dana, ima toliko puno ljudi koji ulaze i izlaze iz dućana, da ponekad Pop zaboravi što treba reći. **"Drago mi je"** ili **"Mogu li vam pomoći?"** su dobre opcije za biti pristojan. Njegov menadžer ga je uvjeravao, govoreći, "Biti ćeš dobar, ne brini." On započinje radni dan sa smiješkom na licu, ali do kraja dana, njegov smiješak je izbrisan. **"Dobro jutro,"** kaže on sa smiješkom dragoj dami koja hoda prolazom sa proizvodima. **"Kako ste?"** upitao je Pop, ali mora biti da ga nije čula, jer se nije zaustavila da se **pozdravi**. "Hmm", rekao je Pop, pretpostavljam da me nije čula jer bi pristojna osoba rekla nešto kao, **"Dobro, kako ste vi?"** ili **"Dobro sam, hvala."** Zatim je bio čovjek sa gustom, bijelom bradom, izgledao je jako ljubazan i drag. Pop ga je pristojno pozdravio i rekao, **"Sretna Nova Godina!"** Čovjek je samo progunđao i otišao svojim putem, pretpostavljam da ipak nije bio ljubazan. Pop je odgovorio, **"Ugodan dan!"** Sljedećih nekoliko kupaca je bilo ljubazno i pričali su s njim. Neki od kupaca su rekli, **"Kako ste?"** i jedan je rekao, **"Moje ime je Jim. Kako se ti zoveš?"** Kako je dan prolazio, Pop se jako umorio i njegovi **pozdravi** nisu izgledali učinkovito kao ranije u danu. Njegov menadžer je bio uzrujan, ali mu je dao drugu priliku. Upozorio je Popa da samo govoriti **"hej"** ili **"bok"** nije dovoljno za ljubazno okruženje na koje su kupci navikli. "Ako želiš ostaviti dobar dojam, moraš biti ljubazan. Možeš reći nešto kao, **"Sretan Božić"** ili **"Dobar dan, gospodine"**, ali molim te budi ljubazan prema svakome koga sretneš. Napokon, kako se približavao kraj dana, Pop je bio vrlo sretan što napokon može reći, **"Laku noć"**. Otišao je kući bez smiješka, ali rekao je da je sutra novi dan i da će se potruditi da se svima nasmiješi.

8) House
8) Kuća

air conditioner
klima uređaj

appliances
aparati

attic
tavan

awning
nadstrešnica

backyard
vrt

balcony
balkon

basement
podrum

bathroom
kupaonica

bath tub

kada

bed

krevet

bedroom

spavaća soba

blanket

pokrivač

blender

mikser

blinds

sjenila

bookshelf/bookcase

polica za knjige/ormar za knjige

bowl

zdjela

cabinet

kredenc/vitrina

carpet

tepih

carport
otvorena garaža

ceiling
strop

cellar
podrum

chair
stolica

chimney
dimnjak

clock
sat

closet
ormar

computer
kompjuter/računalo

couch
kauč

counter
pult

crib
kolijevka

cupboard
kuhinjski ormarić

cup
šalica

curtain
zavjesa

desk
radni stol

dining room
blagovaona

dishes
posuđe

dishwasher
perilica za posuđe

door
vrata

doorbell
zvono

doorknob

kvaka

doorway

ulaz

drapes

zavjese

drawer

ladica

driveway

kolni prilaz

dryer

sušilica

duct

vod

exterior

eksterijer

family room

obiteljska soba

fan

ventilator

faucet
slavina

fence
ograda

fireplace
kamin

floor
pod

foundation
temelj

frame
okvir

freezer
zamrzivač

furnace
peć

furniture
namještaj

garage
garaža

garden
vrt

grill
roštilj

gutters
žlijeb

hall/hallway
hodnik

hamper
košara za rublje

heater
grijač

insulation
izolacija

jacuzzi tub
jacuzzi

key
ključ

kitchen
kuhinja

ladder
ljestve

lamp
lampa/svjetiljka

landing
pristanište

laundry
praonica

lawn
travnjak

lawnmower
kosilica

library
biblioteka

light
svjetlo

linen closet
ormar za posteljinu

living room
dnevni boravak

lock
brava

loft
potkrovlje

mailbox
poštanski sandučić

mantle
ogrtač

master bedroom
spavaća soba

microwave
mikrovalna

mirror
ogledalo

neighborhood
susjedstvo

nightstand
noćni ormarić

office
ured

oven
pećnica

painting
slika

paneling
pločice

pantry
posuđe

patio
terasa

picnic table
stol za piknik

picture
slika/fotografija

picture frame
okvir za slike

pillow
jastuk

plates
tanjuri

plumbing

cijevi

pool

bazen

porch

terasa

queen bed

veliki krevet

quilt

jorgan/poplun

railing

ograda

range

domet

refrigerator

hladnjak

remote control

daljinski upravljač

roof

krov

room

soba

rug

tepih

screen door

mrežasta vrata

shed

šupa

shelf/shelves

polica/police

shingle

šindra

shower

tuš

shutters

rolete

siding

pročelje/fasada

sink

sudoper

sofa
sofa/kauč

stairs/staircase
stepenice/stubište

step
stepenica

stoop
nagnuće

stove
štednjak

study
radna soba

table
stol

telephone
telefon

television
televizija

toaster
toster

toilet

wc školjka

towel

ručnik

trash can

kanta za smeće

trim

ukras

upstairs

gornji kat

utility room

ostava

vacuum

usisivač

vanity

toaletni stolić

vase

vaza

vent

ventil

wall

zid

wardrobe

garderoba

washer/washing machine

perilica za rublje

waste basket

kanta za smeće

water heater

grijač za vodu

welcome mat

otirač

window

prozor

window pane

prozorsko staklo

window sill

prozorska daska

yard

dvorište

Related Verbs
Srodni Glagoli

to build
graditi

to buy
kupiti

to clean
čistiti

to decorate
dekorirati

to leave
otići

to move in
useliti se

to move out
iseliti se

to renovate
renovirati

to repair
popraviti

to sell

prodati

to show

pokazati

to view

pogledati

to visit

posjetiti

to work

raditi

Mike and Linda just bought their first **house**. It is a not a large house, but it is very cozy. It is in a very nice **neighborhood** and has a cute, well-manicured **lawn**. It has a small front **porch**, which will be nice to relax on in the evenings after work. The **exterior** is light blue with a dark blue **door** and **shutters**. It has a nice size **garage** that is big enough for both of their cars and a small **shed** out back for their **lawnmower**. The **backyard** is small, but has a cute little swing set. One day, maybe they will have kids to enjoy it. The **living room** is very spacious and is beautifully decorated in greens and blues. The **walls** are painted light blue and the **curtains** are patterned green and blue. The **couch** and **chair** are very comfortable and roomy enough for the few guests they may have on occasion. Mike is very excited about the new **television** they had installed on the **wall** above the **fireplace**. The **kitchen** is small, yet functional. It has a **refrigerator**, a **dishwasher**, an **oven**, and a built-in **microwave**. There is not much storage, so Linda will have to be very organized. The **walls** are painted yellow and it has a nice floral border. Linda did not pick it out, but it suits her taste well. The **house** has three **bedrooms**, which gives their family room to grow. The **master bedroom** is big enough to fit their **queen bed**, two **nightstands**, and a **dresser**. Linda has already picked out **curtains** to match the bedding. The **walls** are painted beige, but Linda thinks she can brighten the **room** with other decor. Linda's favorite part of the house is the master **bathroom**; it has a **jacuzzi tub** and she can't wait to try it out. It also has a separate **shower** and a double **vanity**. Mike works from home, so he plans to use one of the other, even smaller **bedrooms** as a home **office**. There is not a lot of space, but enough for his **desk**, **computer**, and a **bookshelf**. The back **porch** is nice and has a charcoal **grill** and a **picnic table**. Mike loves to cook on the **grill**, so it will be put to good use. They will need to get a **washing machine** and **dryer** for the **laundry room**, it is small, but it has a **sink**, which is very helpful when washing clothes. Overall, Mike and Linda picked out an excellent first home. It fits their budget, as well as their taste perfectly!

Mike i Linda su upravo kupili svoju prvu **kuću**. To nije velika kuća, ali je jako prijatna. Nalazi se u jako lijepom **susjedstvu** i ima slatki, dobro uređeni **travnjak**. Ima malu **prednju terasu**, koja će biti lijepa za opuštanje navečer nakon posla. **Eksterijer** je svijetlo plav sa tamno plavim **vratima** i **roletama**. Ima **garažu** dobre veličine koja je dovoljno velika za njihova oba auta i malu **šupu** iza kuće za njihovu **kosilicu**. Vrt je mal, ali ima slatki, mali set za njihanje. Jednoga dana će možda imati djecu da uživaju u njemu. **Dnevni boravak** je jako prostran i prekrasno uređen u zelenim i plavim bojama. **Zidovi** su obojeni u svijetlo plavo i **zavjese** imaju zeleno-plavi uzorak. **Kauč** i **stolica** su jako udobni i dovoljno prostrani za nekoliko gostiju koji bi im ponekad mogli doći. Mike je jako uzbuđen zbog nove **televizije** koju su stavili na **zid** poviše **kamina**. **Kuhinja** je mala, a opet funkcionalna. Ima **hladnjak, perilicu za posuđe, pećnicu** i ugrađenu **mikrovalnu**. Nema mnogo mjesta za spremanje stvari, pa će Linda morati biti jako organizirana. **Zidovi** su obojeni u žuto i imaju lijepi cvjetni rub. Linda ga nije izabrala, ali odgovara njenom ukusu. **Kuća** ima tri **sobe**, što daje njihovoj obitelji mjesta za rast. **Glavna spavaća soba** je dovoljno velika da u nju stane njihov **veliki krevet**, dva **noćna ormarića** i **komoda**. Linda je već izabrala **zavjese** koje se slažu s posteljinom. **Zidovi** su obojeni u bež boju, ali Linda misli da može razvedriti **sobu** s drugim ukrasima. Lindin najdraži dio kuće je **glavna spavaća soba**; ima **jacuzzi kadu** i ne može dočekati da je isproba. Isto tako ima odvojeni **tuš** i **toaletni stolić**. Mike radi od kuće, tako da planira koristiti jednu od ostalih, još manjih **spavaćih soba** za **kućni ured**. Nema mnogo prostora, ali dovoljno za njegov **radni stol, kompjuter** i **policu za knjige**. **Stražnja terasa** je lijepa i ima **roštilj** na ugljen i **stol za piknik**. Mike voli peči na **roštilju**, tako da će se dobro iskoristiti. Morati će nabaviti **perilicu za rublje** i **sušilo za kosu** za **praonicu**, mala je, ali ima **umivaonik**, što je jako korisno kada se pere odjeća. Sve u svemu, Mike i Linda su izabrali odličnu prvu kuću. Savršeno odgovara njihovom budžetu, kao i njihovom ukusu!

9) Arts & Entertainment
9) Umjetnost i Zabava

3-D
3-D

action movie
akcijski film

actor/actress
glumac/glumica

album
album

alternative
alternativa

amphitheater
amfiteatar

animation
animacija

artist
umjetnik

audience
publika

ballerina
balerina

ballet
balet

band
bend

blues
bluz

caption
naslov

carnival
karneval

cast
postava

choreographer
koreograf

cinema
kino

classic
klasik

comedy
komedija

commercial
reklama

composer
skladatelj

concert
koncert

conductor
dirigent

contemporary
suvremeno

country
narodno

credits
špica

dancer
plesač

director
redatelj

documentary
dokumentarac

drama
drama

drummer
bubnjar

duet
duet

episode
epizoda

event
događaj

exhibit
izložak

exhibition
izložba

fair
sajam

fantasy

fantazija

feature/feature film

igrani film

film

film

flick

film

folk

folklor

gallery

galerija

genre

žanr

gig

nastup

group

grupa

guitar

gitara

guitarist

gitarist

hip-hop

hip-hop

horror

horor

inspirational

inspiracijski

jingle

đingl

legend

legenda

lyrics

stihovi

magician

magioničar

microphone

mikrofon

motion picture

film

movie director
filmski redatelj

movie script
scenarij

museum
muzej

music
muzika

musical
mjuzikl

musician
muzičar/glazbenik

mystery
misterij

new age
new age

opera
opera

opera house
operna kuća

orchestra
orkestar

painter
slikar

painting
slika

parade
parada

performance
izvedba

pianist
pijanist

picture
slika

play
drama

playwright
dramaturg

pop
pop

popcorn
kokice

producer
producent

rap
rap

reggae
rege

repertoire
repertoar

rock
rok

role
uloga

romance
romanca

scene
scena

science fiction
znanstvena fantastika

sculptor

kipar

shot

snimak

show

predstava

show business

šou biznis

silent film

nijemi film

singer

pjevač

sitcom

sitcom

soloist

solist

song

pjesma

songwriter

tekstopisac

stadium
stadion

stage
pozornica

stand-up comedy
stand-up komedija

television
televizija

TV show
TV emisija

theater
kazalište

understudy
zamjena

vocalist
vokalist

violinist
violinist

Related Verbs
Srodni Glagoli

to act
glumiti

to applaud
pljeskati

to conduct
dirigirati

to dance
plesati

to direct
režirati

to draw
crtati

to entertain
zabavljati

to exhibit
izlagati

to host
voditi

to paint
slikati

to perform
izvesti

to play
svirati

to sculpt
klesati

to show
pokazati

to sing
pjevati

to star
biti glavni glumac

to watch
gledati

Mark Jones is a **legend** in **show business**. His career has been nothing less than amazing. He is an award-winning **actor**, **director**, and **producer** of **film** and **television**. Jones was born in West Central, California. His mother was a teacher and his father was a police officer. He came from humble beginnings and built his career from the bottom up. As a boy, he loved to be the center of attention; he either had a **microphone** in his hand or a **guitar** over his shoulder. He was a very talented **musician** and it seemed he was headed on a path towards becoming a **singer**. He is a talented **songwriter** as well. Few people know that he released his first and only **album** when he was just 16 years old. It was a **pop album**, but It didn't have much success. That didn't stop him from finding his purpose. He also tried **stand-up comedy**. He always drew large crowds, but he knew that wasn't what he was called to do. When he was in his early twenties, he decided to try out for the local community **musical**. He was amazing in his **role** and that is when he made the decision to try acting and he has never looked back! His acting career took off fast. He got his start on a **sitcom** called Best Friends. That show was very popular and aired for eight full seasons. It was the beginning of Jones' long and successful and career. He went on to star in several **feature films,** such as The Dollar, Money Maze, and Backyard Boys, just to name a few. There were a few flops in his career, but that didn't stop him. He has starred in many different **genres** of films; proving his versatility as an **actor**. He has played in **dramas**, **comedies**, and **documentaries**. He has also won multiple major awards for his acting. As time went on, he decided to try **directing films**. He was amazing as a **director** and won awards for his work with **feature films**, such as The Child and End of All. But that wasn't enough for Mark; he became a **producer** and to no surprise, was very successful. His **films** have been wildly successful and it makes everyone wonder where he will go next. It is safe to call Mark Jones a mega-**star**. He has not only been successful in every **entertainment** venture he has attempted, he has also been successful with his family. He has been married to his wife for twenty-five years, which is a rarity in show business.

Mark Jones je **legenda šou biznisa**. Njegova karijera je bila ništa manje no nevjerojatna. On je nagrađivani **filmski i televizijski glumac, redatelj** i **producent**. Jones je rođen u zapadnom središtu Kalifornije. Njegova majka bila je učiteljica, a njegov otac policajac. Imao je skroman početak i izgradio svoju karijeru od dna. Kao dječak volio je biti u centru pozornosti; ili je imao **mikrofon** u ruci ili **gitaru** preko ramena. Bio je vrlo talentiran **glazbenik** i izgledalo je da je na putu da postane **pjevač**. Isto tako je talentiran **tekstopisac**. Malo ljudi zna da je izdao svoj prvi i jedini **album** kad je imao samo 16 godina. Bio je to **pop album**, ali nije imao mnogo uspjeha. To ga nije zaustavilo da nađe svoju svrhu. Isprobao je i **stand-up komediju**. Uvijek je privlačio široke mase, ali znao je da to nije njegov poziv. Kada je bio u ranim dvadesetima, odlučio se prijaviti za ulogu u **mjuziklu** lokalne zajednice. Bio je nevjerojatan u svojoj **ulozi** i tada je odlučio isprobati glumu i nikada nije pogledao nazad! Njegova glumačka karijera brzo je uzletjela. Započeo je u sitcomu koji se zvao Najbolji Prijatelji. Taj **sitcom** je bio vrlo popularan i emitirao se punih osam sezona. To je bio početak Jonesove duge i uspješne karijere. Nakon toga je bio glavni glumac u nekoliko **igranih filmova**, kao što su Dolar, Labirint od Novca, i Dječaci iz dvorišta, da samo spomenemo neke. Bilo je nekoliko promašaja u njegovoj karijeri, ali to ga nije zaustavilo. Glumio je u mnogo različitih filmskih **žanrova**; dokazujući da je kao **glumac** svestran. Glumio je u **dramama, komedijama** i **dokumentarcima**. Osvojio je i višestruko nagrada za svoju glumu. Kako je vrijeme prolazilo, odlučio je probati **režirati filmove**. Bio je nevjerojatan kao **redatelj** i osvojio je nagrade za svoj rad na **igranim filmovima**, kao što je Dijete i Kraj Svega. Ali to nije bilo dovoljno za Marka; postao je **producent** i na ničije iznenađenje, bio vrlo uspješan. Njegovi **filmovi** su bili jako uspješni i svi se pitaju gdje će ići dalje. Sa sigurnošću možemo zvati Mark Jonesa mega **zvijezdom**. Nije samo bio uspješan u svakom pothvatu kojeg je isprobao u **zabavnoj** industriji, bio je uspješan i sa svojom obitelji. U braku je sa svojom ženom dvadeset godina, što je rijetkost u šou biznisu.

10) Games and Sports
10) Igre i Sportovi

ace

as

amateur

amater

archery

streljaštvo

arena

arena

arrow

strijela

athlete

atleta/sportaš

badminton

badminton

ball

lopta

base

baza

baseball

bejzbol

basket

koš

basketball

košarka

bat

palica

bicycle

bicikl

billiards

biljar

bow

luk

bowling

kuglanje

boxing

boks

captain
kapetan

champion
prvak

championship
prvenstvo

cleats
kopačke

club
palica

competition
natjecanje

course
utrka

court
igralište

cricket
kriket

cup
pehar

curling
curling

cycling
biciklizam

darts
pikado

defense
obrana

diving
ronjenje

dodgeball
graničar

driver
vozač

equestrian
jahač

event
događaj

fan
navijač

fencing

mačevanje

field

polje

figure skating

umjetničko klizanje

fishing

pecanje

football

američki nogomet

game

igra

gear

oprema

goal

branka

golf

golf

golf club

palica za golf

gym
teretana/dvorana

gymnastics
gimnastika

halftime
poluvrijeme

helmet
kaciga

hockey
hokej

horse racing
konjske utrke

hunting
lov

ice skating
klizanje na ledu

inning
izmjena

jockey
džokej

judo
džudo

karate
karate

kayaking
kajak

kickball
kickball

lacrosse
lakros

league
liga

martial arts
borilačke vještine

mat
strunjača

match
utakmica

medal
medalja

net
mreža

offense
napad

Olympic Games
Olimpijske Igre

pentathlon
pentatlon

pitch
bacanje

play
qigra

player
igrač

polo
polo

pool
bazen

pool cue
štap za biljar

professional
profesionalac

puck
pak

quarter
četvrtina

race
utrka

race car
trkači automobil

racket
reket

record
rekord

referee
sudac

relay
relej

riding
jahanje

ring
ring

rink
klizalište

rowing
veslanje

rugby
ragbi

running
trčanje

saddle
sedlo

sailing
jedrenje

score
rezultat

shuffleboard
/

shuttle cock
loptica za badminton

skates
klizaljke

skating
klizanje

skiing
skijanje

skis
skije

soccer
nogomet

softball
/

spectators
gledatelji

sport
sport

sportsmanship
sportsko ponašanje

squash
skvoš

stadium

stadion

surf

surfanje

surfboard

daska za surfanje

swimming

plivanje

table tennis/ping pong

stolni tenis

tag

oznaka

team

momčad

tennis

tenis

tetherball

/

throw

bacanje

track
staza za trčanje

track and field
laka atletika

volleyball
odbojka

water skiing
skijanje na vodi

weight lifting
dizanje utega

whistle
zviždaljka

win
pobjeda

windsurfing
surfanje

winner
pobjednik

wrestling
hrvanje

Related Verbs
Srodni Glagoli

to catch
hvatati

to cheat
varati

to complete
završiti

to dribble
driblati

to go
krenuti

to hit
udariti

to jump
skočiti

to kick
udariti

to knock out
nokautirati

to lose	
izgubiti	

to play	
igrati	

to race	
utrkivati se	

to run	
trčati	

to score	
zabiti	

to win	
pobijediti	

Sports are an important part of our culture and have been throughout all history. Men specifically, are drawn to **sports** because of their competitive nature. From the time they are four or five years old, little boys are playing **sports** such as **baseball, soccer**, and **basketball**. They grow up to be men and their competitive nature grows with them. Contact **sports**, such as American **football, dodgeball, boxing, hockey**, and **wrestling** are popular among men because of their competitiveness. Women also enjoy **sports**, but usually prefer **sports** with less contact, such as **tennis, figure skating, gymnastics**, and **swimming**. In recent years, women are participating in more contact **sports** than ever before. Even retirees enjoy playing **sports**, **games** such as **golf** and **shuffleboard** are popular among the older crowd. Not only do people enjoy playing **sports**, they love to watch **sports** as well. Wherever you travel, you are sure to see a **fan** or two dressed in their favorite **team** colors. **Sports fan** merchandise is a huge industry. **Sports fans** spend a lot of money every year to buy **tickets** to events to cheer on their **team**. The most popular sporting **event** in the world is the **Olympic Games**. Most **athletes** dream of becoming an **Olympic medalist**. Although, there are some similarities, the **event** has changed quite a bit over the years. The **Olympics** have a rich history and began in Greece. **Sports** played an important role in Greek culture; playing a part in religious festivals as well as used as training for the Greek military. The **Olympics** began as a festival of **sporting events** that was very popular among the people; there were over 30 thousand **spectators** in attendance. The Greeks competed in **track and field events**, such as **running**, **javelin**, **long jump**, **discus**, just to name a few. The also **wrestled** and had **boxing matches**. The most popular event was the **pentathlon**, which included five **events**: the **long jump**, **javelin**, **discus**, a foot **race**, and **boxing**. The **Olympic Games** and the **sports** involved have changed since that first **event**. Today's **Olympic Games** are held in a different city each year. Over 10 thousand **athletes** compete in over 300 **events**! Some of the sports in the Modern **Olympic Games** are **archery, diving, basketball, cycling, volleyball, boxing,** and the modern **pentathlon** which includes **fencing, swimming,** show jumping**(equestrian)**, pistol **shooting**, and a cross country **run.**

Sportovi su važan dio naše kulture i bili su kroz povijest. Muškarce posebno privlači **sport** zbog njihove natjecateljske naravi. Od njihove četvrte ili pete godine, mali dječaci se bave **sportovima** kao što su **bejzbol, nogomet** i **košarka**. Odrastaju u muškarce i njihova natjecateljska narav raste s njima. Kontaktni **sportovi**, kao što su **američki nogomet, graničar, boks, hokej** i **hrvanje** su popularni među muškarcima zbog njihove konkurentnosti. Žene isto uživaju u **sportu**, ali najčešće preferiraju **sportove** sa manje kontakta, kao što su **tenis, umjetničko klizanje, gimnastika** i **plivanje**. Posljednjih godina, žene sudjeluju u više kontaktnih **sportova** nego ikad. Čak i umirovljenici uživaju u **sportu, igre** kao što su **golf** i **shuffleboard** su popularne među starijima. Ne samo da ljudi uživaju baveći se **sportovima**, isto tako ih vole i gledati. Gdje god putujete, sigurno će te vidjeti **navijača** ili dva obučena u boje njihove najdraže **momčadi**. **Navijačka** roba je ogromna industrija. **Navijači** troše mnogo novaca svake godine na **ulaznice** za događaje kako bi bodrili svoju **momčad**. Najpopularniji sportski **događaj** na svijetu su **Olimpijske Igre**. Većina **sportaša** sanja o tome da osvoji **olimpijsku medalju**. Iako, postoje neke sličnosti, događaj se popriličio promijenio tijekom godina. **Olimpijske Igre** imaju bogatu povijest i počele su u Grčkoj. **Sportovi** su igrali važnu ulogu u grčkoj kulturi; sudjelovanje u vjerskim festivalima kao i trening za grčku vojsku. **Olimpijske Igre** su započele kao festival **sportskih događaja** koji je bio jako popularan među ljudima; nazočilo bi preko 30 tisuća **gledatelja**. Grci su se natjecali na stazi za trčanje i na polju u sportovima kao što su **trčanje, bacanje koplja, skok u dalj, bacanje diska**, samo da neke nabrojimo. Također su se hrvali i imali **boksačke mečeve**. Najpopularniji događaj bio je **pentatlon**, koji je uključivao pet **sportova**: **skok u dalj, bacanje koplja, bacanje diska, trčanje** i **boks**. **Olimpijske Igre** i **sportovi** u njima su se promijenile od tog prvog **događaja**. Današnje **Olimpijske Igre** održavaju se u drugom gradu svake godine. Preko 10 tisuća **sportaša** natječe se u preko 300 **sportova**! Neki od sportova u modernim **Olimpijskim Igrama** su **streljaštvo, ronjenje, košarka, biciklizam, odbojka, boks** i moderni **pentatlon** koji uključuje **mačevanje, plivanje, jahanje, pucanje iz pištolja** i **cross country**.

11) Food
11) Hrana

apple
jabuka

bacon
slanina

bagel
krafna

banana
banana

beans
grašak

beef
govedina

bread
kruh

broccoli
brokula

brownie

kakao-kocka

cake

torta

candy

slatkiši

carrot

mrkva

celery

celer

cheese

sir

cheesecake

torta od sira

chicken

kokoš

chocolate

čokolada

cinnamon

cimet

cookie
keks

crackers
krekeri

dip
umak

eggplant
patliđan

fig
smokva

fish
riba

fruit
voće

garlic
luk

ginger
đumbir

ham
šunka

herbs
bilje

honey
med

ice cream
sladoled

jelly/jam
marmelada/džem

ketchup
kečap

lemon
limun

lettuce
zelena salata

mahi mahi
mahi mahi

mango
mango

mayonnaise
majoneza

meat
meso

melon
dinja

milk
mlijeko

mustard
senf

noodles
rezanci

nuts
orasi

oats
zob

olive
maslina

orange
naranča

pasta
pašta

pastry

pecivo

pepper

papar

pork

svinja

potato

krumpir

pumpkin

bundeva

raisin

grožđica

sage

kadulja

salad

salata

salmon

losos

sandwich

sendvič

sausage

kobasica

soup

juha

squash

tikva

steak

odrezak

strawberry

jagoda

sugar

šećer

tea

čaj

toast

tost

tomato

rajčica

vinegar

ocat

vegetables
povrće

water
voda

wheat
pšenica

yogurt
jogurt

Restaurants and Cafes
Restorani i Kafići

a la carte
a la carte

a la mode
a la mode

appetizer
predjelo

bar
bar

beverage
piće

bill
račun

bistro
bistro

boiled bowl
proključala zdjela

braised
pirjani

breakfast
doručak

brunch
užina

café/cafeteria
kafeterija

cashier
blagajnik

chair
stolica

charge
naplata

check
ček

chef
glavni kuhar

coffee
kava

coffee shop
caffe bar

condiments
začini

cook
kuhar

courses
sljedovi

credit card
kreditna kartica

cup
šalica

cutlery
pribor za jelo

deli/delicatessen

delikatesni dućan

dessert

desert

dine

ručati

diner

zalogajnica

dinner

večera

dish

jelo

dishwasher

perilica za suđe

doggie bag

vrećica za ponijeti

drink

piće

entrée

glavno jelo

food
hrana

fork
vilica

glass
čaša

gourmet
gurman

hor d'oeuvre
prvo jelo

host/hostess
domaćin/domaćica

knife
nož

lunch
ručak

maitre d'
šef sale

manager
menadžer

menu
menu

mug
krigla

napkin
ubrus

order
narudžba

party
zabava

plate
tanjur

platter
plata

reservation
rezervacija

restaurant
restoran

saucer
tanjurić

server
poslužavnik

side order
prilog

silverware
srebrnina

special
specijalitet

spoon
žlica

starters
starteri

supper
večera

table
stol

tax
porez

tip
napojnica

to go

za ponijeti

utensils

posuđe

waiter/waitress

konobar/konobarica

Related Verbs
Srodni Glagoli

to bake

peči

to be hungry

biti gladan

to cook

kuhati

to cut

rezati

to drink

piti

to eat

jesti

to eat out

jesti vanka

to feed

hraniti

to grow

uzgajati

to have breakfast

doručkovati

to have lunch

ručati

to have dinner

večerati

to make

napraviti

to order

naručiti

to pay

platiti

to prepare

pripremiti

to request

zatražiti

to reserve

rezervirati

to serve

poslužiti

to set the table

postaviti stol

to taste

kušati

John and Mary have been dating for quite some time now. Next week is their two year anniversary and John wants to make it really special. Mary really enjoys a nice **steak dinner** out, so John is going to make **reservations** at her favorite **restaurant**. She will be so surprised because they haven't eaten there in a while and she just loves their **salad** and **bread**. John calls and speaks to the **manager** ahead of time to set up the **reservation.** Finally, the day arrives and John picks Mary up at her home. She still doesn't know where they are going, but is excited for the surprise. "Where are we going? Mary asked. "I told you, it's a surprise!" said John. So Mary begins trying to guess where their surprise destination is. "Is it our favorite **diner**? I love the laid back atmosphere and the **waitress** is so nice." "Is it the **coffee shop** on the corner? You know how much I love **coffee**." They arrive at the **restaurant** and she squeals with delight at the thought of the **cheesecake** that they serve for **dessert** . The **host** greets them at the door and promptly seats them at their favorite **table** near the **bar**. It is a quiet little corner of the **restaurant**. The server greets them, lays a **napkin** and **silverware** on their **table**, and then takes their **drink order**. She offers them an **appetizer** while they wait. When the **server** returns, she begins to tell the couple about the daily **specials**. "We'll have two of your best steak **dinners**." John said, "Nothing but the best for my girl!" They are really enjoying their **gourmet meal** and the conversation is great, as always. I think we should have **dessert** for this special night. John tells the **server** that they would like a **brownie a la mode t**o share. The server brings the delicious brownie on a **plate** with two **spoons**. John and Mary both look at the **dessert** and decide they do not have room to eat it. "I think we will need that **to-go**," said Mary. While waiting for the server to pack up their **doggie bag**, John surprised Mary by getting down on his knee to propose! The whole **restaurant** was clapping; even the **dishwasher** and **cooks** came out to congratulate the couple. What a wonderful second anniversary this turned out to be for the happy couple. Now, every year on their anniversary, they **dine** at their favorite **restaurant** to celebrate such a wonderful evening.

John i Mary su već neko vrijeme u vezi. Idući tjedan je njihova druga godišnjica i John želi da bude jako posebna. Mary zaista uživa u dobrom **odresku za večeru**, pa će John **rezervirati** stol u njihovom omiljenom **restoranu**. Biti će jako uzbuđena jer nisu dugo jeli tamo, a ona tako voli njihovu **salatu i kruh**. John je nazvao i pričao sa **voditeljem** prije vremena kako bi napravio **rezervacije**. Konačno, dan je došao i John dolazi kući po Mary. Ona još ne zna gdje idu, ali je uzbuđena zbog iznenađenja. "Gdje idemo?" upitala je Mary. "Rekao sam ti, to je iznenađenje!" rekao je John. Onda Mary počinje nagađati koja je njihova destinacija. "Jeli to naša najdraža **zalogajnica**? Volim opuštenu atmosferu i **konobarica** je tako draga." "Jeli to **kafić** na uglu? Znaš koliko volim **kavu**." Stižu u **restoran**, a ona zavrišti s oduševljenjem na pomisao o **torti od sira** koju poslužuju za **desert**. **Domaćin** ih pozdravlja na vratima i brzo posjeda za njihov najdraži **stol** kraj **bara**. To je mali, tihi kut **restorana**. Poslužiteljica ih pozdravlja, postavlja **ubrus** i **srebrninu** na njihov **stol** i uzima njihovu **narudžbu za pića**. Nudi im **predjelo** dok čekaju. Kada se poslužiteljica vraća, počinje govoriti paru o **specijalitetima** dana. "Uzeti ćemo dva od vaših najboljih odrezaka **za večeru**." John je rekao, "Samo najbolje za moju curu!" Stvarno uživaju u svojem **gurmanskom jelu** i razgovor je odličan, kao uvijek. Mislim da bi trebali naručiti **desert** za ovu posebnu večer. John kaže **poslužiteljici** da će uzeti **kakao kocku a la mode** i podijeliti ju. **Poslužiteljica** donosi ukusnu kakao-kocku na **tanjuru** sa dvije **žlice**. John i Mary oboje gledaju **desert** i odlučuju da nemaju mjesta za pojesti ga. "Mislim da će nam to trebati **za ponijeti**," rekla je Mary. Dok su čekali poslužiteljicu da im pripremi **vrećicu za ponijeti**, John iznenađuje Mary spuštajući se na koljeno da ju zaprosi! Cijeli **restoran** je pljeskao; čak su i **perač suđa** i **kuhari** izašli čestitati paru. Koja prekrasna druga godišnjica za ovaj sretni par. Sada, svake godine na njihovu godišnjicu, **večeraju** u svom omiljenom **restoranu** kako bi proslavili tu prekrasnu večer.

CROATIAN VOCABULARY: A CROATIAN LANGUAGE GUIDE

12) Shopping
12) Kupovina

bags
vrećice

bakery
pekarnica

barcode
barkod

basket
košara

bookstore
knjižara

boutique
butik

browse
pregledavati

buggy/shopping cart
kolica za kupovinu

butcher
mesar

buy
kupiti

cash
gotovina

cashier
blagajnica

change
ostatak

changing room
svlačionica

cheap
jeftino

check
račun

clearance
odobrenje

coin
kovanica

convenience store
trgovina

counter
pult

credit card
kreditna kartica

customers
kupci

debit card
debitna kartica

delivery
dostava

department store
robna kuća

discount
popust

discount store
diskont

drugstore/pharmacy
ljekarna

electronic store

prodavaonica elektronike

escalator

lift

expensive

skupo

flea market

tržnica

florist

cvjećar

grocery store

dućan mješovite robe

hardware

željezarija

jeweler

draguljar

mall

centar

market

market

meat department
odjel za meso

music store
prodavaonica glazbe

offer
ponuda

pet store
dućan za kućne ljubimce

purchase
kupovina

purse
torbica

rack
vješalica

receipt
račun

return
povrat

sale
sniženje/rasprodaja (total)

sales person
prodavač

scale
ljestvica/vaga

size
veličina

shelf/shelves
polica/police

shoe store
prodavaonica obuće

shop
dućan

shopping center
trgovački centar

store
prodavaonica

supermarket
supermarket

tailor
krojač

till

blagajna

toy store

prodavaonica igračaka

wallet

novčanik

wholesale

veleprodaja

Related Verbs
Srodni Glagoli

to buy

kupiti

to charge

naplatiti

to choose

izabrati

to exchange

zamijeniti

to go shopping

otići u kupovinu

to owe

biti dužan

to pay

platiti

to prefer

preferirati

to return

vratiti

to save

uštedjeti

to sell

prodati

to shop

kupovati

to spend

potrošiti

to try on

isprobati

to want

željeti

It was just a few weeks until Christmas and Mark needed to **purchase** a gift for his wife. He didn't know what he was going to get for her. First, he went to the **bookstore**, she loved to read books. He checked the **shelves** to see if he could find something she had not read before, but he had no luck with that. Then he decided to visit her favorite clothing **boutique**. The **salesperson** was very friendly and helpful as he shopped. She knew his wife and was able to help him with **sizes**. He **browsed** the **racks** for just the right gift, but he did not find anything he thought she would like. Besides, everything was so **expensive**! Next, he went to the **shoe store**. He looked around and just couldn't decide what to get for her, so he left that **store**. He resisted going to the **hardware store**, that is his favorite. He thought to himself, "I have to remember, I am **shopping** for my wife, not me!" He finally decided to go to the **mall**. There are plenty of **shops** there! As he walked through the **mall**, he was getting discouraged; he passed a couple of **department stores**, a **music store** and a **toy store**, but nothing seemed right. Finally, he came upon a **jeweler**. His wife loves jewelry. He approached the **counter** and began telling the **salesman** about his wife and the type of jewelry she wears. He was so excited to learn that the ring he picked out was on **sale**. The **salesman** told him the total and Mark reached for his **wallet** to get the **cash**. He asked the salesman, "Does that **price** include **tax**?" "Yes, of course", replied the **salesman**. Mark realized he didn't have enough **cash**, so he paid with his **credit card**. The salesman thanked him and gave him the ring and **receipt**. Mark was so pleased to have found a gift for his wife. He stopped by the **florist** on the way home to surprise her with some flowers. As he was leaving the **florist**, his wife called and asked him to stop by the **grocery store** on his way home. Mark decided he could get what he needed from the **convenience store**, so he stopped there, and then headed home to his wife. She was so surprised that he bought her flowers. She had a little surprise for him as well; she had stopped at the **bakery** on her way home from work. He thanked her for her thoughtful surprise. How lucky he felt to be in such a giving marriage!

Bilo je tek nekoliko tjedana do Božića i Mark je trebao **kupiti** poklon svojoj ženi. Nije znao što da joj uzme. Prvo je otišao u **knjižaru**, voljela je čitati knjige. Pregledao je **police** da vidi može li naći nešto što već nije pročitala, ali nije imao sreće s tim. Zatim je odlučio posjetiti njen omiljeni **butik**. **Prodavačica** je bila jako ljubazna i korisna dok je kupovao. Znala je njegovu ženu i uspjela mu pomoći sa **veličinama**. **Pregledavao** je **vješalice** za pravi poklon, ali nije našao ništa što je mislio da bi se njoj svidjelo. Osim toga, sve je bilo tako **skupo**! Zatim je otišao u **prodavaonicu obuće**. Gledao je okolo i jednostavno nije mogao odlučiti što da joj uzme, stoga je napustio prodavaonicu. Odolio je odlasku u **željezariju**, njegovu najdražu prodavaonicu. Pomislio je, "Moram se sjetiti da **kupujem** za svoju ženu, ne za sebe!" Konačno je odlučio otići u **trgovački centar**. Tamo ima mnogo **dućana**! Dok je šetao **centrom**, postajao je obeshrabren; prošao je kraj nekoliko **robnih kuća**, **prodavaonice glazbe** i **prodavaonice igračaka**, ali ništa nije izgledalo dobro. Konačno je došao do **prodavaonice nakita**. Njegova žena voli nakit. Prišao je **pultu** i počeo govoriti **prodavaču** o svojoj ženi i vrsti nakita koji nosi. Bio je jako uzbuđen kada je saznao da je prsten koji je izabrao **na sniženju**. **Prodavač** mu je rekao ukupnu cijenu i Mark je posegnuo za **novčanikom** da uzme **novac**. Upitao je prodavača, "Uključuje li ta **cijena porez**?" "Da, naravno", odgovorio je **prodavač**. Mark je shvatio da nema dovoljno **novca**, pa je platio **kreditnom karticom**. Prodavač mu se zahvalio i dao mu prsten i **račun**. Mark je bio jako zadovoljan što je našao dar za svoju ženu. Stao je u **cvjećarnicu** na putu kući da je iznenadi cvijećem. Dok je izlazio iz **cvjećarnice**, njegova žena ga je nazvala i rekla mu da na putu kući svrati do **dućana mješovite robe**. Mark je odlučio da može uzeti što mu treba u **trgovini**, pa je stao tamo, te se onda uputio kući svojoj ženi. Bila je jako iznenađena što joj je kupio cvijeće. I ona je imala malo iznenađenje za njega; na povratku sa posla je stala u **pekarnicu**. On joj se zahvalio na njenom pažljivom iznenađenju. Kako se sretno osjećao što je u tako velikodušnom braku!

13) At the Bank
13) U Banci

account
račun

APR/Annual Percentage Rate
godišnja kamatna stopa

ATM/Automatic Teller Machine
bankomat

balance
bilanca

bank
banka

bank charges
bankovne naknade

bank draft
nacrt banke

bank rate
stopa banke

bank statement

izjava banke

borrower

dužnik

bounced check

neisplaćeni ček

cardholder

posjednik kreditne kartice

cash

gotovina

cashback

povrat novca

check

ček

checkbook

čekovna knjižica

checking account

tekući račun

collateral

zalog

commission
provizija

credit
kredit

credit card
kreditna kartica

credit limit
kreditni limit

credit rating
kreditni rejting

currency
valuta

debt
dug

debit
zaduženje

debit card
debitna kartica

deposit
depozit

direct debit

izravno zaduženje

direct deposit

izravni depozit

expense

trošak

fees

naknade

foreign exchange rate

devizni tečaj

insurance

osiguranje

interest

kamata

Internet banking

Internet bankarstvo

loan

zajam

money

novac

money market
tržište novca

mortgage
hipoteka

NSF/Insufficient Funds
nedovoljna sredstva

online banking
online bankarstvo

overdraft
prekoračenje

payee
platitelj

pin number
pin broj

register
registar

savings account
štedni račun

statement
izjava

tax
porez

telebanking
telefonsko bankarstvo

teller
bankovni blagajnik

transaction
transakcija

traveler's check
putnički ček

vault
sef

withdraw
podići

Related Verbs
Srodni Glagoli

to borrow
posuditi

to cash
unovčiti

to charge
naplatiti

to deposit
uplatiti

to endorse
odobriti

to enter
ući

to hold
posjedovati

to insure
osigurati

to lend
posuditi

to open an account
otvoriti račun

to pay
platiti

to save
štediti

to spend

trošiti

---

to transfer money

prebaciti novac

---

to withdraw

podignuti

If you have a job, you will probably want to open a **bank account**. The two most popular **accounts** available are **checking account** and **savings account**. **Banks** also have many other **account** options, including **credit** lines, **money market accounts, mortgages**, etc. A **checking account** is good for your day-to-day purchases and paying your bills. You usually receive a **check card,** which works similar to a **credit card** for purchases, and a **checkbook** when you open a **checking account**. Your **check card** works like a **credit card**, however it **withdraws** money directly from your **account**. **Checks** are good for paying friends and family, bills, or anytime you have to mail a payment to someone. Most merchant's accept **checks** or **check cards** for payment, so you should not have a problem with everyday purchases with your **checking account**. You can also use your **debit card** to **withdraw cash** from **ATMs**; you will need to set up a **pin number** for **ATM transactions**. Make sure you keep track of your purchases and **withdrawals** using the **check register** because you don't want to be hit with **NSF fees**. As long as you **deposit** more **money** that you take out, you will be safe from **bank fees**. Many **banks** offer **Online Bill Pay**, making it very convenient for you to pay your bills from the comfort of your home, without ever needing to purchase a stamp. Another popular **bank account** is called a **savings account**. A **savings account** is great for long term planning. **Savings accounts** pay you **interest** on the **money** in your **account**. Different **banks** offer different **interest** rates based upon your savings habits and balance. This is the **account** you want to put money into and only take it out in case of emergency. **Checking** and **savings accounts** work well together and are the most common types of **bank accounts** available. Many savings accounts offer **overdraft** protection for your **checking account**. If you mess up and **withdraw** too much **money**, your **savings account** funds will step in and keep you from being charged **overdraft fees**. **Banks** are a safe way to save and manage your money. There are many safeguards in place to protect your **accounts**. With so many features, such as **online bill pay, telephone banking,** and **direct deposit,** the smart and efficient way to manage your money is with a **bank account**.

Ako imate posao, vjerojatno će te htjeti otvoriti **bankovni račun**. Dva najpopularnija dostupna **računa** su **tekući račun** i **štedni račun**. Banke imaju i mnoge druge vrste **računa**, uključujući **kreditne** linije, **račune tržišta novca, hipoteke**, itd. **Tekući račun** je dobar za vaše svakodnevne kupovine i plaćanje računa. Najčešće dobijete **debitnu karticu**, koja radi slično kao i **kreditna kartica** za kupovinu i **čekovnu knjižicu** kada otvarate **tekući račun**. Vaša će **debitna kartica** raditi kao **kreditna kartica**, međutim **podiže** novac direktno s vašeg **računa**. **Čekovi** su dobri za plaćanje prijateljima i obitelji, plaćanje računa ili kada trebate nekome poslati uplatu. Većina trgovaca prihvaća **čekove** i **debitne kartice** za plaćanje, tako da ne bi trebali imati problema sa svakodnevnim kupovinama sa vašim **tekućim računom**. Svoju **debitnu karticu** možete koristiti i za **podizanje novaca** sa **bankomata**; trebati će te postaviti **pin broj** za **transakcije** sa **bankomata**. Pobrinite se da pratite vaše kupovine i **podignuća** jer ne želite da vas pogode **naknade zbog nedovoljnih sredstava**. Dok god **uplaćujete** više **novaca** nego što ih podižete, biti će te sigurni od **bankovnih naknada**. Mnoge banke nude **online plaćanje računa**, što vam omogućava bezbrižno plaćanje računa iz udobnosti vašeg doma, bez da ikada morate kupiti markicu. Još jedan popularan **bankovni račun** je štedni račun. **Štedni račun** je odličan za dugoročno planiranje. **Bankovni računi** plaćaju vam **kamate** na **novac** na vašem **računu**. Različite **banke** nude različite **kamatne stope** ovisno o vašim navikama štednje i bilanci. Ovo je **račun** na koji želite uplaćivati novac i podignuti ga samo u slučaju nužde. **Tekući i štedni računi** rade dobro zajedno i najčešći su dostupni tip **bankovnih računa**. Mnogi štedni računi nude zaštitu od **prekoračenja** za vaš **tekući račun**. Ako pogriješite i **podignete** previše **novaca**, novčana sredstva na vašem **štednom računu** će uskočiti i spriječiti da vam se naplate **naknade za prekoračenje**. Banke su siguran način za čuvati i upravljati vašim novcem. Postoje mnoge mjere zaštite koje vam čuvaju **račune**. Sa toliko puno opcija, kao što su **online plaćanje računa, telefonsko bankarstvo i direktni depozit**, pametan i efikasan način za upravljanje vašim novcem je **bankovni račun**.

14) Holidays
14) Praznici

balloons
baloni

calendar
kalendar

celebrate
slaviti

celebration
proslava

commemorating
komemoracija

decoratios
dekoracije

family
obitelj

feast
gozba

federal
državni

festivities
svečanosti

fireworks
vatromet

first
prvi

friends
prijatelji

games
igre

gifts
pokloni

heroes
heroji

holiday
praznik

honor
čast

national
nacionalni

parade
parade

party
zabava

picnics
piknici

remember
sjećati se

resolution
odluka

traditions
tradicije

American Holidays in calendar order
Američki blagdani po kalendarskom redu

New Year's Day
Nova godina

Martin Luther King Jr. Day
/ Dan Martina Luthera Kinga Jr.

Groundhog Day

/Sviščev dan

Valentine's Day

Valentinovo

St. Patrick's Day

Dan svetog Patrika

Easter

Uskrs

April Fool's Day

Prvi travanj

Earth Day

Dan planete Zemlje

Mother's Day

Majčin dan

Memorial Day

/ Spomen dan

Father's Day

Očev dan

Flag Day

/ Dan zastave

Independence Day/July 4th
Dan neovisnosti

Labor Day
Praznik rada

Columbus Day
/ Kolumbov dan

Halloween
Noć vještica

Veteran's Day
/ Dan veterana

Election Day
Izborni dan

Thanksgiving Day
Dan domovinske zahvalnosti

Christmas
Božić

Hanukkah
Hanuka

New Year's Eve
Doček Nove godine

Related Verbs
Srodni Glagoli

to celebrate
slaviti

to cherish
njegovati

to commemorate
komemorirati

to cook
kuhati

to give
dati

to go to
otići

to honor
poštovati

to observe
promatrati

to party
zabavljati se

to play

igrati(a sport)/svirati(an instrument)

to recognize

prepoznati

to remember

sjećati se

to visit

posjetiti

Many cultures and backgrounds are represented in America. With such diversity, Americans **celebrate** many **holidays** throughout the year. There are so many **holidays** on the **calendar**, there is always something to **celebrate**. In January, **New Year's Day** is a big **celebration**, but the real celebrating comes the night before; there are **fireworks** and **parties** that are broadcast all over the world. In February, we celebrate **Valentine's Day**. It is a day that most couples express their love and affection for each other with cards and gifts. In March, we celebrate **St. Patrick's Day**. Many people wear green items and celebrate Irish heritage. **Easter** is usually celebrated in April. It is a Christian **holiday**, but has also become a secular **holiday** celebrating the beginning of springtime. One of the most cherished **holidays** in America is **Mother's Day**. We honor and remember our mothers and grandmothers on this day; showering them with cards, gifts, and affection. Another big **holiday** in May is **Memorial Day**; originally declared as a day to remember our fallen **heroes** of the various branches of the United States military. It is now seen as the unofficial start of summertime and is celebrated with **picnics** and time with **family**. In June, we **celebrate Father's Day**, while it is not as popular as **Mother's Day**, the idea is the same; to **honor** and **remember** our fathers and grandfathers. In July we **celebrate Independence Day**, also known as **July 4th**. This is the day we **celebrate** our independence from England so many years ago. We **celebrate** with **fireworks** and **picnics** with **family** and **friends**. September brings **Labor Day**, the official end of summer. It was originally declared as a day to recognize the achievements of American workers in our economic successes. In October, we celebrate **Halloween**. Children dress up in their favorite costumes and go trick-or-treating for candy; many adults participate in the fun and have dress-up **parties**. In November, we celebrate **Thanksgiving Day**. It is a day to remember the early settlers to the new world and their achievements. We gather with **family** and **friends** to **feast** on turkey and other comfort-type foods. In December, we **celebrate Christmas Day. Christmas** is a Christian **holiday** that **celebrates** the birth of Jesus Christ. It is also **celebrated** by non-Christians and has many secular-type **celebrations** and **traditions**. Santa Claus visits young children on **Christmas Eve**, leaving toys and games in their stocking. **Hanukkah** is another **holiday celebrated** in December by the Jewish community; an eight-day **holiday commemorating** the rededication of the Holy Temple in Jerusalem. This is only a handful of the **holidays celebrated** by Americans. With so many **holidays**, Americans always have a reason to celebrate; so get out the **decorations**, **balloons**, and **games** and let the **festivities** begin!

Mnoge kulture i pozadine zastupljene su u Americi. Sa takvom raznolikošću, Amerikanci **slave** mnoge **praznike** tijekom godine. Ima toliko puno **praznika** u **kalendaru**, uvijek postoji nešto za **slaviti**. U siječnju, **Nova godina** je velika **proslava**, ali pravo slavlje se odvija noć prije; održavaju se **vatrometi** i **proslave** koje se prenose cijelim svijetom. U veljači, slavimo **Valentinovo**. To je dan na koji većina parova iskazuje svoju ljubav i privrženost jedno za drugo čestitkama i poklonima. U ožujku, slavimo **Dan svetog Patrika**. Mnogi ljudi nose zelene odjevne predmete i slave irsku baštinu. **Uskrs** se najčešće slavi u travnju. To je kršćanski **praznik**, ali je postao i svjetovni **praznik** koji slavi početak proljeća. Jedan od najdragocjenijih **praznika** u Americi je **Majčin dan**. Slavimo i sjećamo se svojih majki i baki na ovaj dan; obasipajući ih čestitkama, poklonima i ljubavlju. Još jedan veliki **praznik** u travnju je **Dan sjećanja**; izvorno proglašen danom u kojem se sjećamo naših palih **boraca** raznih ogranaka vojske Ujedinjenih Država. Sada se na njega gleda kao na neslužbeni početak ljeta i slavi se **piknicima** i provođenjem vremena s **obitelji**. U lipnju, **slavimo Očev dan**, iako nije popularan kao **Majčin dan**, ideja je ista; **slaviti** i **sjećati** se naših očeva i djedova. U srpnju **slavimo Dan neovisnosti**, poznat i kao **4. Srpanj**. Ovo je dan u kojem **slavimo** našu nezavisnost od Engleske prije mnogo godina. **Slavimo** sa **vatrometom** i **piknicima** s **obitelji** i **prijateljima**. Rujan donosi **Praznik rada**, službeni kraj ljeta. Izvorno je proglašen danom u kojem slavimo postignuća američkih radnika u našem ekonomskom uspjehu. U listopadu, slavimo **Noć vještica**. Djeca se oblače u svoje omiljene kostime i odlaze u maškare po slatkiše; mnoge odrasle osobe sudjeluju u zabavi i organiziraju kostimirane **zabave**. U studenom, slavimo **Dan zahvalnosti**. To je dan u kojem se sjećamo ranih doseljenika u novom svijetu i njihovih postignuća. Okupljamo se sa **obitelji** i **prijateljima** da **jedemo** puricu i drugu hranu utješnog tipa. U prosincu, **slavimo Božić**. **Božić** je kršćanski

praznik koji **slavi** rođenje Isusa Krista. **Slave** ga i ljudi koji nisu kršćani i ima mnoge **proslave** i **tradicije** sekularnog tipa. Djed Božićnjak posjećuje malu djecu na **Badnjak**, ostavljajući igračke i igre u njihovim čarapama. **Hanuka** je još jedan **praznik koji se slavi** u prosincu od strane židovske zajednice; osmodnevni **praznik koji obilježava** ponovnu posvetu Jeruzalemskog hrama. Ovo je samo šačica **praznika koje slave** Amerikanci. Sa toliko **praznika**, Amerikanci uvijek imaju razlog za slavlje; zato izvadite **ukrase, balone** i **igre** i neka **svečanosti** započnu!

15) Traveling
15) Putovanja

airport
aerodrom/zračna luka

backpack
ruksak

baggage
prtljaga

boarding pass
ukrcajna propusnica

business class
poslovna klasa

bus station
autobusna stanica

carry-on
ručna prtljaga

check-in
check-in (prijava za let)

coach

ekonomska klasa

cruise

krstarenje

depart/departure

otputovati/odlazak

destination

destinacija

excursion

ekskurzija

explore

istražiti

first class

prvi razred

flight

let

flight attendant

stjuard/stjuardesa

fly

qletjeti

guide
vodič

highway
autocesta

hotel
hotel

inn
gostionica

journey
putovanje

land
zemlja

landing
slijetanje

lift-off
polijetanje

luggage
prtljaga

map
mapa

move

pokret

motel

motel

passenger

putnik

passport

putovnica

pilot

pilot

port

luka

postcard

razglednica

rail

tračnica

railway

željeznica

red-eye

noćni let

reservations
rezervacije

resort
odmaralište

return
povratak

road
put

roam
lutati

room
soba

route
ruta

safari
safari

sail
ploviti/jedriti

seat
sjedalo

sightseeing
razgledavanje

souvenir
suvenir

step
korak

suitcase
kofer

take off
poletjeti

tour
tura

tourism
turizam

tourist
turist

traffic
promet

trek
planinarenje

travel

putovanje

travel agent

putni agent

trip

put

vacation

odmor

voyage

putovanje

Modes of Transportation
Vrste Prijevoza

airplane/plane

zrakoplov/avion

automobile

automobil

balloon

balon

bicycle

bicikl

boat
čamac

bus
autobus

canoe
kanu

car
auto

ferry
trajekt

motorcycle
motocikl/motor

motor home
kamper

ship
brod

subway
podzemna

taxi
taksi

train
vlak

van
kombi

Hotels
Hoteli

accessible
dostupan

airport shuttle
prijevoz do zračne luke

all-inclusive
all-inclusive

amenities
sadržaj

balcony
balkon

bathroom
kupaonica

beach
plaža

beds
kreveti

bed and breakfast
noćenje s doručkom

bellboy/bellhop
sobar/nosač

bill
račun

breakfast
doručak

business center
poslovni centar

cable/satellite tv
kabelska/satelitska

charges (in-room)
troškovi (u sobi)

check-in
prijava

check-out
odjava

concierge
konsijerž/portir

Continental breakfast
kontinentalni doručak

corridors (interior)
hodnici (u unutrašnjosti)

doorman
vratar

double bed
bračni krevet

double room
dvokrevetna soba

elevator
lift

exercise/fitness room
fitnes soba

extra bed
dodatni krevet

floor
pod

front desk

recepcija

full breakfast

puni doručak

gift shop

darovni dućan

guest

gost

guest laundry

praonica

hair dryer

fen

high-rise

/

hotel

hotel

housekeeping

vođenje domaćinstva

information desk

infopult

inn
gostionica

in-room
u sobi

internet
Internet

iron/ironing board
pegla/stol za peglanje

key
ključ

king bed
francuski krevet

lobby
predvorje

local calls
lokalni pozivi

lounge
čekaonica/foaje

luggage
prtljaga

luxury

luksuz

maid

sobarica

manager

menadžer

massage

masaža

meeting room

soba za sastanke

microwave

mikrovalna

mini-bar

mini-bar

motel

motel

newspaper

novine

newsstand

stalak za novine

non-smoking
za nepušače

pets/no pets
kućni ljubimci/zabranjeni kućni ljubimci

pool – indoor/outdoor
bazen – na zatvorenom/na otvorenom

porter
portir

queen bed
veliki krevet

parking
parking

receipt
račun

reception desk
recepcija

refrigerator (in-room)
hladnjak (u sobi)

reservation
rezervacija

restaurant

restoran

room

soba

room number

broj sobe

room service

posluga u sobu

safe (in-room)

sef (u sobi)

service charge

naknada za uslugu

shower

tuš

single room

jednokrevetna soba

suite

apartman

tax

porez

tip
napojnica

twin bed
bračni krevet

vacancy/no vacancy
ima mjesta/nema mjesta

wake-up call
poziv za buđenje

whirlpool/hot tub
(jacuzzi)

wireless high-speed internet
brzi wi-fi Internet

Related Verbs
Srodni Glagoli

to arrive
doći

to ask
pitati

to buy
kupiti

to catch a flight
stići na let

to change
promijeniti

to drive
voziti

to find
pronaći

to fly
letjeti

to land
sletjeti

to make a reservation
rezervirati

to pack
pakirati

to pay
platiti

to recommend
preporučiti

to rent

iznajmiti

to see

vidjeti

to stay

odsjesti

to take off

poletjeti

to travel

putovati

to swim

plivati

Michael is young and adventurous and loves to **travel**; ever since he was a little boy, he has enjoyed the excitement of **traveling**. Whether he **travels** by **boat**, **car**, or **plane**; he always has a great time. Michael has **traveled** all over the world on **vacation**. Once, he took a **bus** from Florida to California, just to say he had done so. His wife enjoys **traveling** with Michael; however, she is not an adventurous person. She likes to **vacation** in nice, quiet places. She prefers an easy **trip** that does not require **layovers** or complicated **itineraries**. Her favorite **destination** is Hawaii, so Michael decided to take her there for their anniversary. They made their **reservations** and took a **plane** from California to Hawaii; or so they thought.

That is where this **journey** begins. They bought **tickets** on the **red-eye flight** to get an early start on **vacation**. They arrived at the **airport**, got their **luggage checked-in** and with their **carry-on bags** in hand, they headed towards the **concourse**, ready to **fly** away into the sunset! They were in such a hurry to get to their **destination**; they unknowingly **boarded** the wrong **plane**. They both slept during the **flight** and when they arrived, they both felt something was not quite right; they had traveled to **Alaska**! They checked with their **travel agency** and found out there were no **flights** leaving that **airport** until the next morning. Determined to get to their **vacation** in Hawaii, the couple decided to do whatever it took to get there! They took a **ferry** to the nearest **car** rental location and decided to **drive** as much of the way as possible; they would figure the rest out later. They picked up a **map** and headed on their way. They figured they would get to do some **sightseeing** along the way, if nothing else. It was a long **drive**; they drove for hundreds of miles until they just couldn't drive anymore, so they stopped at a **hotel** to get some rest. The next morning, they **checked-out** of their **hotel room** and continued driving. Their **travel agent** called them and said that they had **coach tickets** the next morning, leaving out of LAX **airport**; they just had to be there in time. The couple made it to the **airport** with just ten minutes to spare! They finally **boarded** their **flight**, on their way to Hawaii. When they arrived at the **airport**, they were so relieved to finally be on **vacation**! They took a **shuttle** to the **resort** and finally were able to enjoy a nice, relaxing **vacation**. Of all Michael's **travels**, this was the most adventurous one yet!

Michael je mlad i pustolovan i voli **putovati**; od kad je bio malo dijete, uživao je u uzbuđenju **putovanja**. **Putovao brodom,**

autom ili **avionom**; uvijek se odlično zabavi. Michael je **proputovao** cijeli svijet na **odmoru**. Jednom je sjeo na **autobus** od Floride do Kalifornije, samo da može reći da je to učinio. Njegova žena uživa u **putovanju** s Michaelom; međutim, ona nije pustolovna osoba. Ona voli **odmarati** u mirnim, tihim mjestima. Preferira jednostavan **put** koji ne iziskuje **prekide putovanja** ili komplicirane **putne planove**. Njena omiljena **destinacija** su Havaji, pa ju je Michael odlučio povesti tamo za njihovu godišnjicu. Napravili su svoje **rezervacije** i sjeli na **avion** od Kalifornije do Havaja; ili su tako mislili. Tu počinje ovo **putovanje**. Kupili su **karte** za **noćni let** kako bi rano započeli sa **odmorom**. Stigli su na **aerodrom**, **prijavili** svoju **prtljagu** i sa ručnim torbama u rukama, uputili su se prema **gomili**, spremni da **polete** prema zalasku! Bili su u tolikoj žurbi da stignu na svoju **destinaciju**; nesvjesno su se **ukrcali** na krivi **avion**. Oboje su spavali tijekom **leta** i kada su došli, oboje su osjetili da nešto nije baš u redu; otputovali su na **Aljasku**! Provjerili su sa svojom **putnom agencijom** i saznali da nema **letova** iz te **zračne luke** do idućeg jutra. Odlučni da odu na svoj **odmor** na Havajima, par je odlučio učiniti što god treba da dođu do tamo! Otišli su **trajektom** da najbliže lokacije za iznajmljivanje **automobila** i odlučili **voziti** što je više moguće puta; ostalo bi riješili poslije. Uzeli su **kartu** i uputili se. Pomislili su da će barem malo **razgledavati** putem, ako ništa drugo. Bila je to duga **vožnj**a; vozili su se stotinama kilometara dok jednostavno više nisu mogli voziti, pa su stali u **hotel** da se odmore. Iduće jutro, **odjavili** su se iz **hotelske sobe** i nastavili voziti. Njihov **putni agent** ih je nazvao i rekao im da imaju **karte** za avion za **ekonomsku klasu** iduće jutro, koji polijeće iz LAX **zračne luke**; samo su morali biti tamo na vrijeme. Par je stigao u **zračnu luku** sa samo deset minuta na raspolaganju! Napokon su se **ukrcali** na **let**, na putu za Havaje. Kada su stigli u **zračnu luku**, bili su tako sretni što su napokon bili na odmoru! Sjeli su na **autobus za odmaralište** i napokon su mogli uživati u lijepom, opuštajućem **odmoru**. Od svih Michaelovih **putovanja**, ovo je bilo najpustolovnije do sada!

16) School
16) Škola

arithmetic
aritmetika

assignment
zadatak

atlas
atlas

backpack
školska torba

binder
knjigovezac

blackboard
table

book
knjiga

bookbag
školska torba

bookcase
polica za knjige

bookmark
marker za knjigu

calculator
kalkulator

calendar
kalendar

chalk
kreda

chalkboard
ploča

chart
grafikon

class clown
razredni klaun

classmate
školski kolega

classroom
učionica

clipboard
međuspremnik

coach
trener

colored pencils
olovke u boji

compass
kompas

composition book
kajdanka

computer
kompjuter

construction paper
papir za građenje

crayons
bojice

desk
radni stol

dictionary
rječnik

diploma
diploma

dividers
djelioci

dormitory
spavaonica

dry-erase bord
bijela školska ploča

easel
stalak

encyclopedia
enciklopedija

English
engleski

eraser
gumica za brisanje

exam
ispit

experiment
eksperiment

flash cards
flash kartice

folder
fascikl

geography
geografija

globe
globus

glossary
glosar

glue
ljepilo

gluestick
ljepilo u stiku

grades, A, B, C, D, F, passing, failing
ocjene, 5, 4, 3, 2, 1, prolaz, padanje

gym
dvorana

headmaster
ravnatelj/voditelj

highlighter
fluorescentni marker

history
povijest

homework
domaća zadaća

ink
tinta

janitor
domar

kindergarten
dječji vrtić

keyboard
tipkovnica

laptop
laptop

lesson
lekcija

library
knjižnica

librarian
knjižničar

lockers
ormarići

lunch
ručak

lunch box/bag
kutija/vrećica za ručak

map
mapa

markers
marker

math
matematika

notebook
bilježnica

notepad
blokić

office
ured

paper
papir

paste
smjesa

pen
kemijska

pencil
olovka

pencil case
pernica

pencil sharpener
oštrilo/šiljilo

physical education/PE
tjelesni odgoj

portfolio
portfolio

poster
poster

principal
ravnatelj

professor

profesor

project

projekt

protractor

kutomjer

pupil

učenik

question

pitanje

quiz

test

read

čitati

reading

čitanje

recess

odmor

ruler

ravnalo

science

znanost

scissors

škare

secretary

tajnica

semester

semestar

stapler

klamerica

student

student

tape

selotejp

teacher

učitelj

test

test

thesaurus

leksikon sinonima

vocabulary
leksikon/rječnik

watercolors
vodene bojice

whiteboard
bijela ploča

write
pisati

Related Verbs
Srodni Glagoli

to answer
odgovoriti

to ask
pitati

to draw
nacrtati

to drop out
ispisati se

to erase
izbrisati

to fail

pasti

to learn

naučiti

to pass

proći

to play

igrati

to read

čitati

to register

upisati

to show up

pojaviti se

to sign in

upisati se

to study

učiti

to teach

podučavati

to test

testirati

---

to think

misliti

---

to write

pisati

Heather is five years old and has always enjoyed being home with her mom every day. She heard that she would be starting **school** soon and was nervous about it. Summer was coming to an end and Heather was really starting to get anxious about the start of the **school** year. This will be her first and she is unsure about what to expect. She was excited, yet nervous to leave her mom all day. Her mom took her **school supply** shopping on the Saturday before school was to start. She had her list of **school supplies** and was very overwhelmed by all the things in the store. There are so many things on the list, she doesn't know where to start; **crayons**, **paper**, **markers**, **glue**, and more! Heather's mom told her she would need something to put all this stuff in, so she picked out a nice **backpack** with her favorite cartoon cat on it; it also had a matching **lunch bag**! Her mom told her she would also need to get some new clothes because every little girl needs new clothes for the first day of **school**. On the way home from shopping, Heather questioned her mom about **school;** she was getting very excited because she wondered what she would be doing with all this stuff! The first day of **school** finally came and Heather's mom took her to register for the first day of **Kindergarten**. The first stop was the **office**, she met a very nice lady, the **school secretary**, and she also met a handsome gentleman who said he was the **principal** of the **school**. She wasn't sure what that meant, but he must be important. Once everything was settled in the **office**, her mom took her to her new **classroom**. When she walked in, she couldn't believe her eyes; it was amazing! There was a big **chalkboard** on the wall, rows of **desks**, colorful **charts** and **maps**, even some games and **books**. She really likes games and **books**, so she started to relax a bit. Then, she saw her new **teacher**; she was a nice lady, smiling and being very polite. Heather then realized she would be okay. She sent her mom on her way and told her she would see her this afternoon after **school**. She was ready to learn to **read** and **write**, do **math** and **science**; she was not nervous anymore! That day she made several new friends and really like her **teacher**. They had **English** and **Math**; she even got to paint using her new **watercolors**. Heather decided she loved **school** and wanted to come back every day!

Hetaher ima pet godina i uvijek je uživala biti kući sa mamom svaki dan. Čula je da će ubrzo početi ići u **školu** i bila je nervozna zbog toga. Ljeto se bližilo kraju i Heather je postajala stvarno tjeskobna zbog početka **školske** godine. Ovo će biti njena prva i nije sigurna što može očekivati. Bila je uzbuđena, a opet nervozna da ostavi mamu cijeli dan. Mama je odvela kupovati **školski pribor** u subotu prije početka škole. Imala je svoj popis **školskog pribora** i bila je pod velikim dojmom svih stvari u dućanu. Ima toliko puno stvari na popisu, ne zna gdje započeti; **bojice, papir, markeri, ljepilo**, i još toga! Heatherina mama joj je rekla da joj treba nešto u što će staviti sve te stvari, pa je izabrala lijepu **školsku torbu** na kojoj je bila njena najdraža crtana maca; imala je i **kutiju za ručak** koja se slaže sa njom! Mama joj je rekla da će joj trebati i nova odjeća jer svaka djevojčica treba novu odjeću za prvi dan **škole**. Na putu kući iz kupovine, Heather je ispitivala mamu o **školi**; postajala je jako uzbuđena jer se pitala što će raditi sa svim tim stvarima! Prvi dan **škole** je napokon došao i Heatherina mama ju je odvela da se prijavi za prvi dan **vrtića**. Prva postaja bio je **ured**, upoznala je jako dragu gospođu, **školsku tajnicu**, te je isto upoznala lijepog gospodina koji je rekao da je **ravnatelj škole**. Nije bila sigurna što to znači, ali on mora da je važan. Jednom kad je sve bilo riješeno u **uredu**, mama ju je odvela u njen novi **razred**. Kada je ušla unutra, nije mogla vjerovati svojim očima; bilo je nevjerojatno! Na zidu je bila velika **ploča**, redovi **stolova**, šareni **grafikoni** i **mape**, čak i neke igre i **knjige**. Ona jako voli igre i **knjige**, pa se počela malo opuštati. Zatim je vidjela svoju novu **učiteljicu**; ona je bila dobra dama, nasmiješena i jako pristojna. Heather je tada shvatila da će biti dobro. Rekla je mami da ode i da će je vidjeti popodne iza **škole**. Bila je spremna naučiti **čitati** i **pisati**, učiti **matematiku** i **znanost**; nije više bila nervozna! Taj dan se sprijateljila sa nekoliko ljudi i stvarno joj se svidjela **učiteljica**. Imali su **engleski** i **matematiku**; čak je i slikala sa svojim novim **vodenim bojicama**. Heather je odlučila da voli **školu** i htjela se vratiti svaki dan!

17) Hospital
17) Bolnica

ache
bol

acute
akutan

allergy/allergic
alergija/alergičan

ambulance
hitna pomoć

amnesia
amnezija

amputation
amputacija

anaemia
anemija

anesthesiologist
anesteziolog

antibiotics

antibiotici

anti-depressant

antidepresivi

appointment

zakazani pregled

arthritis

artritis

asthma

astma

bacteria

bakterija

bedsore

dekubitus

biopsy

biopsija

blood

krv

blood count

broj krvnih stanica

blood donor
qdonor

blood pressure
krvni pritisak

blood test
test krvi

bone
kost

brace
proteza

bruise
modrica

Caesarean section
carski rez

cancer
rak

cardiopulmonary resuscitation (CPR)
kardiopulmonarna reanimacija

case
slučaj

cast

gips

chemotherapy

kemoterapija

coroner

mrtvozornik

critical

kritično

crutches

štake

cyst

cista

deficiency

nedostatak

dehydrated

dehidriran

diabetes

dijabetes

diagnosis

dijagnoza

dietician
dijetetičar

disease
bolest

doctor
doktor

emergency
hitni slučaj

emergency room (ER)
hitna služba

exam
pregled

fever
temperatura

flu (influenza)
gripa

fracture
prijelom

heart attack
srčani udar

hematologist
hematolog

hives
ospice

hospital
bolnica

illness
bolest

imaging
dijagnostička obrada

immunization
cijepljenje

infection
infekcija

Intensive Care Unit (ICU)
jedinica intenzivnog liječenja

IV
intravenozno

laboratory (lab)
laboratorij

life support
održavanje života

mass
masa

medical technician
medicinski tehničar

neurosurgeon
neurokirurg

nurse
medicinska sestra

operating room
operacijska soba

operation
operacija

ophthalmologist
oftalmolog

orthopedic
ortopedski

pain
bol

patient
pacijent

pediatrician
pedijatar

pharmacist
ljekarnik

pharmacy
ljekarna

physical therapist
fizioterapeut

physician
fizijatar

poison
otrov

prescription
recept

psychiatrist
psihijatar

radiologist
radiolog

resident
specijalizant

scan
skener

scrubs
kuta

shots
cjepiva

side effects
nuspojave

specialist
specijalist

stable
stabilno

surgeon
kirurg

symptoms
simptomi

therapy
terapija

treatment
liječenje

vein
vena

visiting hours
vrijeme posjeta

visitor
posjetitelj

wheelchair
invalidska kolica

x-ray
rendgen

Related Verbs
Srodni Glagoli

to bring
donijeti

to cough
kašljati

to examine
pregledati

to explain
objasniti

to feel
osjećati

to give
dati

to hurt
ozlijediti

to prescribe
propisati

to scan
skenirati

to take
uzeti

to test
testirati

to treat
liječiti

to visit
posjetiti

to wait

čekati

---

to x-ray

napraviti rendgenski snimak

James was a happy, **healthy** ten year old boy who loved sports and riding his bike; but one day that all came to a halt. James had been complaining that his back was hurting. The **pain** was so bad one morning; he couldn't even get out of bed. His mom decided to take him to the **emergency room** to get **examined** by a **doctor**. The **nurses** were very friendly and their number one priority was making sure James was not in **pain** and could rest comfortably. The **doctor** decided to order an **x-ray** of his back. The **radiologist** read the report; he and the **ER doctor** agreed that James had an unknown **mass** on his spine. James was immediately admitted to the **hospital** for **blood tests**. The **blood tests** did not reveal the cause of the **mass,** so the **pediatrician** overseeing his **case** decided he needed some more extensive **imaging tests**, as well as a **biopsy**. James was nervous because so many **doctors** were coming to see him; an **orthopedic doctor**, a **neurosurgeon**, and a **hematologist**. The **nurses** did a good job at keeping his mind at ease. They brought him movies and video games to play to keep him busy. He had many **visitors**; friends and family members came to see him. He loved the visits with the **therapy** dogs the most; they were such comforting and sweet dogs. They had so many activities and fun for the **patients** at the children's **hospital**. James was a real trooper when they had to take **blood** and put his **IV** in his arm. James spent twelve days in the **hospital** before they finally **diagnosed** him with a **bone infection**. The

physical therapist fit him with a back brace and he was **prescribed antibiotics**. After undergoing multiple **blood tests**, **image scans**, and a **biopsy**, James was ready to go home. He was not able to do the normal things other kids could do because of the damage to his spine, but he was so happy to be home with his family and on the mend from his terrible back **infection**. After several months of **treatment** and spinal **surgery** to straighten his back, James is now a strong, healthy, and happy boy. Through it all; the **treatments, tests, hospital** stays, and **therapy**, James has been an inspiration and hero to many who walked this journey with him.

James je bio sretan i **zdrav** desetogodišnjak koji je volio sport i voziti svoj bicikl; ali jednog dana je to sve stalo. James se žalio da ga bole leđa. **Bol** je bila toliko jaka jednog jutra; nije se mogao ni dignuti iz kreveta. Njegova mama ga je odlučila odvesti na **hitnu službu** da ga **pregleda doktor**. **Medicinske sestre** su bile jako ljubazne i njihov prioritet je bio da Johna ne **boli** i da se može udobno odmarati. **Doktor** ga je odlučio poslati na **ultrazvuk** leđa. **Radiolog** je pročitao izvještaj; on i doktor **hitne službe** su se složili da James ima nepoznatu **masu** na kralježnici. James je odmah primljen u **bolnicu** zbog **krvnih pretraga**. **Krvne pretrage** nisu otkrile uzrok **mase**, pa je **pedijatar** koji je nadzirao njegov **slučaj** odlučio da treba opširnu **dijagnostičku pretragu**, kao i **biopsiju**. James je bio nervozan jer ga je toliko puno **doktora** dolazilo vidjeti; **ortoped, neurokirurg** i **hematolog**. **Medicinske sestre** su radile dobar posao kako bi ga umirile. Donijele su mu filmove i video igrice da bude zauzet. Imao je mnogo **posjetitelja**; prijatelji i članovi obitelji su ga dolazili vidjeti. Najviše je volio posjete **terapijskih** pasa; bili su tako utješni i slatki psi. Imali su jako mnogo aktivnosti i zabave za **pacijente** u dječjoj

bolnici. James je bio jako dobar kada su mu trebali uzimati **krv** i stavljati **intra venoznu injekciju** u ruku. James je proveo dvanaest dana u **bolnici** prije nego su mu konačno **dijagnosticirali infekciju kostiju**. **Fizioterapeut** mu je podesio protezu za leđa i **prepisani su mu antibiotici**. Nakon brojnih **testova krvi, skeniranje slika i biopsije**, James je bio spreman za ići kući. Nije bio u stanju raditi normalne stvari koje su druga djeca mogla zbog štete na njegovim leđima, ali bio je tako sretan što je kući sa svojom obitelji i što se oporavlja od grozne **infekcije** leđa. Nakon nekoliko mjeseci **liječenja** i **operacije** kralježnice da mu se isprave leđa, James je sada jak, zdrav i sretan dječak. Kroz sve; **liječenje, testove,** stajanja u **bolnici** i **terapije**, James je bio inspiracija i heroj mnogima koji su prošli ovo putovanje s njim.

18) Emergeny
18) Hitan slučaj

accident
nesreća

aftershock
posttraumatski

ambulance
hitna pomoć

asthma attack
napad astme

avalanche
lavina

blizzard
mećava

blood/bleeding
krv/krvarenje

broken bone
slomljena kost

car accident

automobilska nesreća

chest pain

bol u prsima

choking

gušenje

coast guard

obalna straža

crash

sudar

diabetes

dijabetes

doctor

doktor

drought

suša

drowning

utapanje

earthquake

potres

emergency
hitni slučaj

emergency services
hitne službe

EMT (emergency medical technician)
medicinski tehničar za hitne slučajeve

explosion
eksplozija

fight
borba

fire
požar

fire department
vatrogasna služba

fire escape
izlaz u slučaju požara/plan bijega od vatre

firefighter
vatrogasac

fire truck
vatrogasno vozilo

first aid

prva pomoć

flood

poplava

fog

magla

gun

pištolj

gunshot

pucanj

heart attack

srčani udar

Heimlich maneuver

Heimlichov zahvat

help

pomoć

hospital

bolnica

hurricane

uragan

injury
ozljeda

ladder
ljestve

lifeguard
spasioc

life support
održavanje života

lightening
munja

lost
izgubljeno

mudslide
klizište

natural disaster
prirodna katastrofa

nurse
medicinska sestra

officer
oficir/službenik

paramedic
bolničar

poison
otrov

police
policija

police car
policijski auto

rescue
spašavanje

robbery
pljačka

shooting
pucnjava

stop
stop

storm
oluja

stroke
moždani udar

temperature

temperature

thief

lopov

tornado

tornado

tsunami

tsunami

unconscious

onesviješten

weather emergency

vanredno stanje

Related Verbs
Srodni Glagoli

to bleed

qkrvariti

to break

razbiti

to breathe

disati

to burn

zapaliti

to call

zvati

to crash

zabiti se

to cut

porezati se

to escape

pobjeći

to faint

onesvijestiti se

to fall

pasti

to help

pomoći

to hurt

ozlijediti

to rescue

spasiti

to save

spasiti

to shoot

pucati

to wheeze

krkljati

to wreck

slupati

One of the most important things parents can teach their children is how to handle an **emergency**. You often hear stories on the news about a child who saved someone by making a wise decision in an **emergency**. What you don't hear are the stories when children made a poor decision. Unfortunately, many children would not know what to do in case of a real **emergency** such as a **fire**, a **flood**, or if a parent had a **heart attack**. We hope that our children are never put in these situations, but we want them to be prepared. In an **emergency**, such as a **tornado**, an **earthquake**, or other **natural disaster,** children might react in two very dangerous ways; one of which is the superhero reaction. In this case, children think they can "save the day" and play **rescue** worker. They might try to run into a burning building or swim out to save someone in a **flood.** Make sure your children know that there are people such as **firefighters, police officers**, and **EMT**s that are professionally trained to handle these situations. It may seem safe to "**help**", but the danger may not be obvious to a child. If they try to "**help**" in a dangerous situation, it may make the **emergency** worse! The best thing to do is call **emergency services** and they will tell you exactly what you can do to **help**. On the other hand, the opposite reaction can be just as dangerous. Some children will try to run and hide from scary situations. Even though you may be scared, try to remain calm, find a phone, and call for **help**. As I said earlier, children often play a big role in the **rescue** efforts during an **emergency**. Here are some practical tips to teach your children about **emergency** situations. 1) Take a deep breath, relax and look around for **help**. 2) Call for **help**; either by yelling or phone. If someone has an **injury** or are hurt, the **rescue** workers can be there fast. In a **life threatening** situation, the **emergency operator** can often walk you through step-by-step what to do. 3) Never hang up on the operator; they will need details about your location and the **emergency** situation. 4) Find a safe place to wait for help. Do not put yourself in danger while you wait for the professionals, it will only create a bigger **emergency**. The best way to handle an **emergency** is to prepare yourself for one. If you know what to do in different **emergencies**, you will be better equipped to handle them. Ask your parents to teach you the **fire escape** plan in your home or what to do in case someone is **injured** at home. Ask someone to show you how to call for help; make sure the phone numbers for the **fire department**, **police**, and **ambulance** service numbers are posted on your home phone. As you get older, you can even take a **first aid** class. Remember, in all **emergencies**, remain calm and call for help and never put yourself in danger.

Jedna od najvažnijih stvari koje roditelji mogu učiti svoju djecu je kako se nositi sa **hitnim slučajem**. Često čujete priče na vijestima o djetetu koje je spasilo nekoga jer je donijelo mudru odluku za vrijeme **hitnog slučaja**. Ono što ne čujete su priče kada su djeca donijela lošu odluku. Nažalost, mnoga djeca ne bi znala što učiniti u slučaju **nesreće** kao što je **požar, poplava**, ili ako roditelj ima **srčani udar**. Nadamo se da naša djeca nikada neće doći u te situacije ali želimo da budu spremna. U slučaju **hitnog slučaja**, kao što je **tornado, potres**, ili druge **prirodne katastrofe**, djeca bi mogla reagirati na dva jako opasna načina; jedna od tih je reakcija superheroja. U ovom slučaju, djeca misle da mogu "spasiti dan" i igrati se **spasioca**. Mogli bi pokušati utrčati u goruću zgradu ili otplivati da spase nekoga u **poplavi**. Pobrinite se da vaša djeca znaju da postoje ljudi kao što su **vatrogasci, policajci** i **medicinski tehničari** koji su stručno osposobljeni za rukovanje tim situacijama. Možda izgleda sigurno "**pomoći**", ali opasnost možda nije očita djetetu. Ako pokušaju "**pomoći**" u opasnoj situaciji, **hitni slučaj** bi se mogao pogoršati! Najbolja stvar je pozvati **hitne službe** i one će vam točno reći što možete učiniti za **pomoći**. S druge strane, suprotna reakcija može biti jednako opasna. Neka djeca će pokušati pobjeći i sakriti se pred opasnom situacijom. Iako ste uplašeni, pokušajte ostati mirni, nađite telefon i nazovite **pomoć**. Kao što sam rekao ranije, djeca često igraju veliku ulogu u pokušaju spašavanja za vrijeme **hitnog slučaja**. Ovo su neki praktični savjeti da naučite svoju djecu o **hitnim slučajevima**. 1) Duboko udahni, opusti se i pogledaj oko sebe za **pomoć**. 2) Nazovi **pomoć**; vičući ili telefonom. Ako je netko **ozlijeđen**, **spasioci** mogu doći brzo. U situaciji **opasnoj po život, operater hitne službe** vam često može reći korak po korak što treba učiniti. 3) Nikad nemojte poklopiti slušalicu operateru; trebati će im detalji o vašoj lokaciji i situaciji. 4) Pronađite sigurno mjesto za čekati pomoć. Ne izlažite se opasnosti dok čekate profesionalce, to će samo stvoriti veći **hitni slučaj**. Najbolji način da se nosite sa **hitnim**

slučajem je da se pripremite za jedan. Ako znate što treba učiniti u različitim **hitnim slučajevima**, biti će te bolje pripremljeni da se nosite sa njima. Pitajte roditelje da vas nauče plan **bijega od vatre** u vašem domu ili što učiniti u slučaju da se netko **ozlijedi**. Pitajte nekoga da vam pokaže kako ćete dozvati pomoć; pobrinite se da se brojevi **vatrogasne službe, policije** i **hitne službe** nalaze na vašem kućnom telefonu. Kako odrastate, možete polagati tečaj **prve pomoći**. Zapamtite, u svim **hitnim slučajevima**, ostanite mirni i zovite pomoć i nikada se ne izlažite opasnosti.

www.ingramcontent.com/pod-product-compliance
Lightning Source LLC
LaVergne TN
LVHW051111080426
835510LV00018B/1997